MARIANNE SCHNEIDER-GEDÄCHTNISEDITION NR. 1

MARIANNE SCHNEIDER, unsere langjährige Freundin, Ratgeberin, Lektorin und Übersetzerin in Fragen und zu Themen der italienischen Literatur und Kunst, ist am 2. Februar 2023 in Florenz von uns gegangen. Wir empfinden ihren Tod als herben Verlust und wollen ihr Andenken mit einer Folge von Neueditionen ihrer zahlreichen Bücher pflegen, die sie über die Jahre ihrer Tätigkeit für unser Haus geschaffen hat.

Als erstes Buch dieser Reihe legen wir ihre Anthologie mit Blumengedichten wieder vor. Als Titel hat sie seinerzeit eine Gedichtzeile von Clemens Brentano gewählt: »O Stern und Blume, Geist und Kleid«. Es versammelt die schönsten Gedichte deutscher Sprache zum Lob der Blumen vom Mittelalter bis zum heutigen Tag, von Walther von der Vogelweide und *Das Hohelied Salomos* in der Übersetzung von Martin Luther bis zu den spielerischen Gedichten Eugen Gomringers und Ernst Jandls. Die jeweils begleitenden Bilder wählten Marianne Schneider und Lothar Schirmer gemeinsam aus dem Fundus der Künstler und Künstlerinnen der internationalen Kunstgeschichte. Über die Prinzipien der Auswahl hat Marianne Schneider in einem Vorwort Rechenschaft gegeben.

Die Erstausgabe dieser Anthologie erschien im Jahr 2001. Wir freuen uns, sie jetzt wieder vorzulegen, auch wenn der unmittelbare Anlass ein trauriger ist. Marianne Schneider gab dem Buch als Motto Rilkes *XXII. Sonett an Orpheus* bei, dessen letzte Zeilen hier vorangestellt seien:

Alles ist ausgeruht:
Dunkel und Helligkeit
Blume und Buch.

Marianne Schneider / Lothar Schirmer (Hrsg.)

O Stern und Blume, Geist und Kleid ...

75 Blumenbilder und die 75 schönsten deutschen Blumengedichte

VON LEONARDO DA VINCI BIS ERNST JANDL

Eingeleitet von Marianne Schneider

Schirmer/Mosel

Wir sind die Treibenden.
Aber den Schritt der Zeit,
nehmt ihn als Kleinigkeit
im immer Bleibenden.

Alles das Eilende
wird schon vorüber sein;
denn das Verweilende
erst weiht uns ein.

Knaben, o werft den Mut
nicht in die Schnelligkeit,
nicht in den Flugversuch.

Alles ist ausgeruht:
Dunkel und Helligkeit,
Blume und Buch.

Rainer Maria Rilke
XXII. Sonett an Orpheus
1922

». . . *Sterne er wie Blumen pflückt*«

Marianne Schneider

Eine Sammlung von Bildern und von Gedichten: Blumen, Bäume, Gras und Gärten folgen aufeinander in zwei parallelen Strängen. Sehen sie einander an oder aneinander vorbei? Und wie steht das Pflanzliche vor dem Betrachter und wie vor dem Leser?

Die Pfingstrose zum Beispiel, Paeonia mit ihrem botanischen Namen, erscheint in dieser Sammlung, auf zwei weit voneinander entfernten Seiten, als Aquarell von Albrecht Dürer und in einem Gedicht von Walter Höllerer.

Wegen ihrer Pracht, ihrer medizinischen Wirkungen und ihres Zaubers wurde diese uralte Pflanze nicht nur häufig gezüchtet, sondern auch gemalt und besungen. Von ihren Heil- und Zauberkräften berichten schon Theophrast und Plinius der Ältere, aber auch von dem Aberglauben, der phantastische Geschichten um sie spinnt. Basilius Besler zeigt in seinem großem Herbarium (Anfang des 17. Jahrhunderts) elf der schier unzähligen Arten, in denen diese Blume vorkommt. Im alten China ist sie ein Symbol für Reichtum und Ehre, gilt aber auch, und nicht nur in China, wegen ihrer zinnoberroten Farbe als Droge für die Unsterblichkeit der Seele.[1] Die Dichter fügen anderes hinzu: Bei Liu Yü-hsi (772–842) jagen die Päonien einem zechenden Alten einen weisen Schrecken ein: »Vor einer Blütenwand saß ich beim Zechen;/ Der Becher schlug mein Herz in süßen Bann./ Da ward mir angst, die Blumen könnten sprechen:/ Wir blühen nicht für einen alten Mann!«[2] Li Po, einer der großen Dichter der T'ang-Zeit, läßt in seiner *Melodie des klaren Glücks* die Päonie mehrmals auftreten: »Auf dem Stengel der roten Päonie/ verdichtet sich duftender Tau,/ aber Wolken und Regen aus den Wu-Bergen/ umklammern und brechen das Herz.« So sind Liebesglück und Unglück durch das Bild der Päonie in vier Zeilen verbunden. Und die letzte Strophe setzt ein: »Die schönen Päonien, die Frauen, den Königreichen zum Verhängnis,/ beide betören.« Nicht zu vergessen die Bilder betörend schöner Päonien, die manche Seite chinesischer Gedichtbücher zieren.

Eine rote wilde Pfingstrose zeigt Dürers Aquarell in drei verschiedenen Ansichten, die Blume von vorne, von hinten und als Knospe. Dabei haben die Blätter jedesmal eine andere Farbe, von vorne bräunlich grün, von hinten ein eher ins Graue gehendes Grün, der Wirklichkeit entsprechend. Die Blüte ist von einem tiefen Rot, aber die Blütenblätter sehen mitgenommen aus, wie ein wenig vom Wind zerzaust, die Stengel sind auf halber Höhe abgeschnitten, also nicht unbedingt eine Darstellung, die für ein Herbarium geeignet wäre, sondern eher das dramatische Bild einer Pflanze, genauestens gemalt in einem Augenblick der Stille nach dem Wind oder kurz vor dem Verwelken. Die Vergänglichkeit der Blume ist in ihrem noch schönen, aber nicht mehr ganz unversehrten Abbild mitgemalt.

Walter Höllerer gab seinem Gedicht, das in den Jahren zwischen 1942 und 1952 entstand, den Titel *Pfingstrosen in einer Gärtnerei* und erinnert damit an einen friedlichen Ort menschlicher Beschäftigung. Doch die Blumen schildert er als etwas berauschend Üppiges, eine grenzenlose Welt, in der sich ein kleines Lebewesen verliert. Aber auf die ersten vier Zeilen folgen nach einer Pause zwei Verse, die das Bild ins Grauen wenden: »Das Licht in roten Bächen niederrinnt./ Die Augen glüht es blind.« Die Blume verwandelt sich in etwas anderes, ihre rote Farbe verflüssigt sich und erinnert an Bäche strömenden Blutes, dann verwandelt sich das Flüssige seinerseits in Feuer, das die Augen ausbrennt. Was hier auf kleinstem Raum, mit geringstem Wortaufwand und ungeheurer Konzentration vor sich geht, ist kennzeichnend für das Geschick der Blumen im Gedicht.

Während Dürer die natürliche Gestalt der Blume nicht antastet, macht sie im Gedicht Höllerers Metamorphosen durch. Schuld daran sind nicht allein und nicht in erster Linie die Jahrhunderte, die Dürer und Höllerer voneinander trennen, sondern es liegt im Wesen der beiden Darstellungsarten. So finden wir im *Cherubinischen Wandersmann* des Angelus Silesius, der um die Mitte des 17. Jahrhunderts entstand, eine Reihe von Rosengedichten: »Die Ros ist meine Seel«, lesen wir, oder etwa »Freund, wer in jener Welt will lauter Rosen brechen,/ Den müssen vor allhier die Dornen gnugsam stechen« oder »Christ, so du unverwelkt in Leiden, Kreuz und Pein/ Wie eine Rose blühst, wie selig wirst du sein«.[3] Nie steht die Rose hier für sich selbst, sondern immer wieder für etwas anderes. Werfen wir aber einen Blick auf die Bilder der Rosen in unserem Buch, so sehen wir von Manets Aquarell über Tina Modottis und Edward Steichens Photographien bis zu Robert Mapplethorpe und Nick Knight immer wieder Rosen unangetastet in ihrer Gestalt, wenn auch in verschiedenen Stimmungen und Farben, aus immer wieder neuen Blickwinkeln, mit Hilfe unterschiedlicher Techniken abgebildet.

In der vorliegenden, im übrigen durchaus subjektiven Sammlung haben die Reihe der Bilder und die Reihe der Worte außer ihrer ursprünglichen Verankerung in der Wirklichkeit noch eine andere, völlig konkrete gemeinsame Basis, denn wie die Worte zu Papier gebracht wurden, so sind auch die Bilder auf dem Papier entstanden: ausschließlich Aquarelle, Zeichnungen, Scherenschnitte und Photographien wurden aufgenommen. Das gibt manchen Darstellungen den Zauber des Nebensächlichen, des zum Zeitvertreib Gemachten, eines Spiels, auf jeden Fall eine wohltuende Leichtigkeit im Sinn von Rilkes *XIV. Sonett an Orpheus*, das den Blumen gewidmet ist, »diesen dem Irdischen treuen«.

Die lange Reihe der Bilder, gegliedert in drei große Teile, deren dritter, das 20. Jahrhundert, noch einmal in drei Teile aufgefächert ist, scheint sich am Ende wie ein Kreis zu schließen. Die Sinnlichkeit und – beinahe ist man versucht zu sagen – die Freude an der genauen Darstellung der Natur, die in Dürers *Großem Rasenstück* und seinen *Schlüsselblumen* stecken, kehren wieder in den Photographien der Gärten oder Gartenstücke von Struth, Nieweg und Gursky aus den neunziger Jahren des eben vergangenen Jahrhunderts, wo das Pflanzliche als ein Teil der Welt in seiner sinnlichen Pracht und Schönheit auftritt. Die satte, fraglose Schönheit von Beslers barockem Blumenreigen scheint von Struths Bildern einzelner Blumen fortgeführt zu werden. Die gepreßten Blumen in den Herbarien des Londoner Museums für Naturgeschichte bezauberten Nick Knight – er verwandelte ihre hinfällige Zartheit in seinen Photographien in zierlich verschnörkelte, phantastische Ornamente. Das botanische Element ist auch in Leonardos Pflanzenzeichnungen eingegangen, er befaßte sich eingehend mit der Morphologie der Pflanze, und seine botanischen Forschungen, die nicht, wie damals üblich, an therapeutische Zwecke gebunden waren, sollten der Malerei und gleichzeitig der Erkenntnis der Natur dienen. So ist sein *Stern von Bethlehem* nicht allein die faszinierende Darstellung einer Pflanze, sondern auch einer der Urbewegungen des Lebens, nämlich des Wirbels oder der Spirale, von der wiederum Goethe in seiner *Morphologie der Pflanze* spricht und die er mit wunderbarer Konkretheit schildert: »Wenn man die Stiele des Löwenzahns an einem Ende aufschlitzt, die beiden Seiten des hohlen Röhrchens sachte voneinander trennt, so rollt sich jede in sich nach außen und hängt im Gefolg dessen als eine gewundene Locke spiralförmig zugespitzt herab, woran sich die Kinder ergötzen und wir dem tiefsten Naturgeheimnis nähertreten.«[4] Zu Beginn des 20. Jahrhunderts photographierte Karl Blossfeldt, der erste in unserer Reihe der Photographen, die geringelte Form am *Haarfarn*, der *Kürbisranke* und anderen Pflanzen.

Bei Claude Lorrains Pinselzeichnungen, die den ersten Teil beschließen, ist kein botanisches Interesse mehr zu spüren, vom Pflanzlichen geht hier eine Stimmung aus, die – vor der Zeit – ins Romantische hinüberführt, mit dem der zweite Teil, dem 19. Jahrhundert gewidmet, beginnt. Zarte weiße Papierblüten klebte Philipp Otto Runge auf farbige Blätter. Hornys realistisch gemalte Blumengestalten stehen entrückt oder verloren vor dem Betrachter, fern der freudigen oder beflissenen Diesseitigkeit der Herbarien. Van Goghs Rohrfederzeichnungen, noch im 19. Jahrhundert entstanden, gehen viele Schritte weiter, hinein ins nächste Jahrhundert. Die rotgelben *Aronstäbe* muten schon wie ein abstraktes Muster an, und die *Zypresse* schlägt wie eine Flamme in den Himmel. Hier verweist die Pflanzengestalt entschieden über sich hinaus, ähnlich wie es in der Dichtung geschieht.

Mit der ersten Gruppe des 20. Jahrhunderts ändern sich nicht nur die Gestalten der Pflanzen, sondern auch die Techniken der Darstellung und die Blickwinkel. Die Photographie tritt in ihren verschiedenen Formen auf. Man Rays Technik der »Solarisation« und der »Rayographie« sind gewiß mehr am Experiment interessiert als an den Blumen, die sie auf diese Art hervorbringen. Doch die Rosenphotographien von Edward Steichen und Tina Modotti, Imogen Cunninghams weiße *Callas* zielen in der schwarzweißen Darstellung auf den besonderen Ausdruck der jeweiligen Blume. Georgia O'Keeffes gemalte schwarzstämmige und schwarz umrandete Bäume etwa sind immer noch als solche zu erkennen, und man könnte sagen, die Morphologie des Baumes tritt zurück zugunsten der Darstellung seines Wesens. Als dramatisch aufflammende Farben in Blumengestalt erscheinen Emil Noldes *Schwertlilien und Mohn*. Daß es bei all diesen Bildern um Pflanzen geht, ist in vielen Fällen Nebensache, so mächtig treten die neuen Darstellungsweisen in den Vordergrund.

Davon unterscheidet sich grundlegend die zweite kleine Schar: Künstler, die zum großen Teil nach 1945 ihre Ausbildung begannen. Das zarte grüne Blättchen, das Joseph Beuys nicht ganz in die Mitte der großen Seite malte, sieht aus wie ein Überrest, der Baum wurde nicht gemalt. Melancholisch steht Hanne Darbovens Alpenveilchenstock in seinem nur halb gemalten Topf, als wollte er sich von der Welt distanzieren, zu der er mit dem geschriebenen Datum *Weihnachten 1957*, das zugleich der Titel ist, trotzdem gehört. Auf Warhols Nummernbild ist nur die gelbe Narzisse ausgemalt, und seine Nelken sind eigentlich eine Auslassung auf dem weißen Papier zwischen den kraftvollen Schraffuren. Balthus stellt ein schwindendes buntes Sträußchen in eine nahezu geschwundene Vase: Zartes, Zerbrechliches, Lebendiges gerade noch gerettet.

Aber die mächtige, leuchtende rote Tulpe auf dem etwas dunkleren, anders getönten roten Hintergrund und die perlmutt schimmernde weiße Calla setzen die diesseitige Sinnlichkeit wieder in ihr Recht; mit diesen zwei Bildern und einem Rosenbild leitet Mapplethorpe den letzten Teil des Buches ein, der zum großen Teil von den – wie schon gesagt, auf Dürer oder Besler zurückweisenden – ungebrochenen Bildern der in den fünfziger oder sechziger Jahren geborenen Photographen bestritten wird. Cy Twomblys Blumen, eine bleichere Acryl- und Buntstiftzeichnung und eine Acrylzeichnung in tiefem Rot, stehen dem photographierten Blumenreigen nicht allzu fern, wenn auch durch die Technik der Acrylzeichnung andere, phantastischere Gebilde entstanden sind. Auf Twomblys tiefrote Blumen folgt Assigs strahlend rote *Blattmarie*, eine Temperazeichnung mit blattförmigen Motiven, die menschliche Verstrickungen evoziert, dazu hilft auch der Titel und die zweite Temperazeichnung in hellem Grau, die Blüte, aus der eine kleine Hand herauswächst und die in eine Art Sternenhimmel – oder sind es fliegende Löwenzahnsterne? – hineinzuwachsen scheint. *Das geheime Leben der Pflanzen* nennt Anselm Kiefer eine verwelkte, aber noch farbige Gladiole vor einer Photographie von Spiralnebeln, vielleicht der Milchstraße, eine moderne Fassung von Brentanos *O Stern und Blume* …

In den Wortgebilden, die diese lange, mannigfaltige Reihe der Bilder begleiten, ist das Pflanzliche nie um seiner selbst willen da, sondern immer und auf die verschiedensten Weisen mit dem Menschlichen verwoben. Die Motive sind bekannt: die Liebe in allen ihren möglichen Abwandlungen (der Garten ist als *hortus conclusus* schon im Hohenlied ein Symbol des Weiblichen), Vergänglichkeit, Ewigkeit, Glück, Sehnsucht, Schwermut und Leichtsinn. Die Blumen können in dramatische, ironische, komische, phantastische Situationen geraten, nur noch als Spur vorhanden sein, verloren im Rest der Welt, wie Durs Grünbeins »Hortensienrabatte« neben seinem bloßgelegten Schienbein. Das Pflanzliche ist aber auch von Anfang an der Dichtung verbunden, was selbst noch an dem nüchternen Wort »Anthologie« abzulesen ist, denn *anthòs* heißt auf griechisch Blüte. »Ihr grünen Bäume/ Du Blumen Zier/ Ihr Hauß der Reyme/ Ihr zwinget mir/ Dieß Lied herfür« dichtet Simon Dach auf frohe barocke Weise. Das Thema bleibt durch die Jahrhunderte erhalten und entfaltet sich auf eigene vielfache Weise im 20. Jahrhundert: bei Rilke, Celan, Huchel, Enzensberger und anderen. In Rose Ausländers Gedicht *Wann ziehn wir ein* kehren nach über hundert Jahren Brentanos *Stern und Blume* unzertrennlich miteinander vereint wieder. Die Blume ist der Löwenzahn, der Stern sein Samen, aber nicht nur, die Dichterin spricht auch von »Wassersternen aus einem verschütteten Quell«, die der »Löwenzahnwiese« Leben spenden sollen, damit aus dem Löwenzahnstern ein Haus werden kann: eine Bleibe, die das »besamte Wort«, also das fruchtbare Wort ist. Aus dem Weltall macht Rose Ausländer ein »Wortall«; in ihrer Beschreibung des »besamten Worts« verschränkt sich das konkret Pflanzliche mit dem Abstrakten: »Löwenzahnhaus/ feingesponnen/ im luftfarbnen Licht/«. Aber kein »Luftschloß« ersehnt die Schreiberin, sondern ein »Wortall« – in der Pflanze.

Doch nur wenige deutsche Lyriker sind so blumensüchtig wie Clemens Brentano, der sich nach und nach zu einer Art Schirmherr für dieses Buch entwickelte. Seine Gedichte stehen neben Bildern aus allen Jahrhunderten, und sie sind nirgends fehl am Platz. Ihre sinnlich-erotische Ausstrahlung, ihre Musikalität und ihre verliebte Obsession scheinen wie geschaffen, die Bilder von Blumen und Pflanzen zu begleiten. Seine eigenen geschriebenen Bilder übertrefffen an Phantasie und oft auch an Irrwitz die benachbarten Bilder und geben ihnen bisweilen eine neue Dimension. Während, einer allgemeinen Richtschnur folgend, versucht wurde, Bilder und Texte aus denselben Epochen nebeneinander zu stellen, rückt Brentano zunächst zwei Jahrhunderte zurück zu Claude Lorrain, verbindet sich dann selbstverständlich mit seinem Freund Philipp Otto Runge und mit Franz Theobald Horny, und springt darauf vor ins 20. Jahrhundert, wo er mit den »sternenreinen Lilienfräulein« Blossfeldts sternförmige Lindenmalven eskortiert, und schließlich steht seine erotisch und mystisch gefärbte Himmelsrose neben Edward Steichens *Schweren Rosen*. »O Stern und Blume, Geist und Kleid,/ Lieb, Leid, und Zeit und Ewigkeit«, dichtet der alte Brentano und verwendet den Zweizeiler wie ein Versatzstück immer wieder. Aber Stern und Blume gehören für ihn seit eh und je zusammen; so schreibt er in der Erzählung *Die Rose* (1800 zum erstenmal gedruckt): »...bald blickte er zu den Sternen hinauf, die ihm wie schöne Blumen erschienen, welche ihren Kelch auf der blauen Fläche des Meeres wiegen.« Sterne und Blumen: Pflanzenvisionen – geschrieben, gemalt, photographiert, ausgeschnitten – aus Träumen kommend, nirgends fest verwurzelt. Brentanos »Verwilderung mit ihrer sanften saugenden Bodenlosigkeit«[5] steht diesen Visionen nahe, gleich aus welchem Jahrhundert sie kommen.

Manche Bilder fanden keine dichterische Entsprechung in ihrem Jahrhundert; so mußten den Rohrfederzeichnungen van Goghs die dunkel tönenden Verse Georg Trakls an die Seite gestellt werden, in denen Blumen und Bäume in etwas Unheimliches verwandelt sind. Den größten zeitlichen Sprung machte *Die geheime Rose* des Angelus Silesius vom 17. ins 20. Jahrhundert, um Hanne Darbovens Alpenveilchen mit dem Titel *Weihnachten 1957* beizustehen, das vordergründig an die Alpenveilchen erinnert, die zur Weihnachtszeit in den Wohnungen blühen, aber auch ein Geheimnis zu bergen scheint, auf das Angelus Silesius zu deuten vermag. Verwandtschaftlich anachronistisch steht Conrad Ferdinand Meyers *Schwarzschattende Kastanie* neben Georgia O'Keeffes *Bäumen*.

Abgesehen von einigen glücklichen Nachbarschaften, wie Twomblys bleiche Blumen mit Rilke (»Siehe die Blumen, diese dem Irdischen treuen«), zeigen sich die größten Fremdheiten zwischen Gedichten und Bildern im 20. Jahrhundert; die Kluft wird um so tiefer, je weiter das Jahrhundert fortschreitet. Ein ironisches Nebeneinander entstand in zwei Fällen: bei Michael Weselys Langzeitphotographie eines Tulpenstraußes und Ernst Jandls *von wundern der natur*, und bei Peter Rühmkorfs *Lied der Naturlyriker*, das die gesamte Naturlyrik nachäfft, und Thomas Struths schöner dunkler *Clematis*.

Die Bilder halten, wenn auch hin und wieder auf leicht verfremdende Weise, an der Pflanzengestalt fest, können aber auch anderes suggerieren, sind gewissermaßen bereit, sich mit etwas anfüllen zu lassen, wenn auch nur für eine Weile. Diese Füllung kann von den Gedichten ausgehen. Das Hin und Her zwischen dem Bild aus Worten und dem Bild aus Farben, Strichen, Licht und Schatten, die Offenheit des einen für das andere zeigt uns einer der größten bildenden Künstler des 20. Jahrhunderts, der hier als Dichter auftritt und seine *Anna Blume* in bunten Farben und mannig-fachen Tönen unvergeßlich besingt.

Eine glückliche Verbindung gehen Nick Knights luftige Anemonen mit Eugen Gomringers munterem *spring daisy* ein: die Wörter wie die Blumen in kindlichen Reihen, ein Zauber aus leichter Hand.

---

[1] Vgl. Jean Chevalier / Alain Gheerbrant, *Dictionnaire des symboles*, Stichwort »pivoine«, Paris 1969

[2] Aus: *Mein Haus liegt menschenfern. Dreitausend Jahre chinesischer Poesie*. Hrsg. von Günther Debon, München 1988, S. 184

[3] Zitiert nach: *Le trecento poesie t'ang*. Hrsg. von Martin Benedikter, Mailand 1972

[4] Johann Wolfgang von Goethe, *Morphologie*, in: *Werke* (Hamburger Ausgabe Bd. 13), München 1988, S. 145

[5] Friedhelm Kemp, »Nachwort«, in: Clemens Brentano, *Werke*, Bd. 1, München 1980, S. 1321

I.

16. / 17. / 18. JAHRHUNDERT

Aus *Das Hohelied Salomos*
(Übersetzung von Martin Luther)

Als der König sich herwandte,
gab meine Narde ihren Duft.
Mein Freund ist mir ein Büschel Myrrhen,
das zwischen meinen Brüsten hängt.
Mein Freund ist mir eine Traube von Zyperblumen
in den Weingärten von El-Gedi.
Siehe, meine Freundin, du bist schön;
schön bist du, deine Augen sind wie Taubenaugen.
Siehe, mein Freund, du bist schön und lieblich.
Unser Lager ist grün.
Die Balken unserer Häuser sind Zedern,
unsere Täfelung Zypressen.

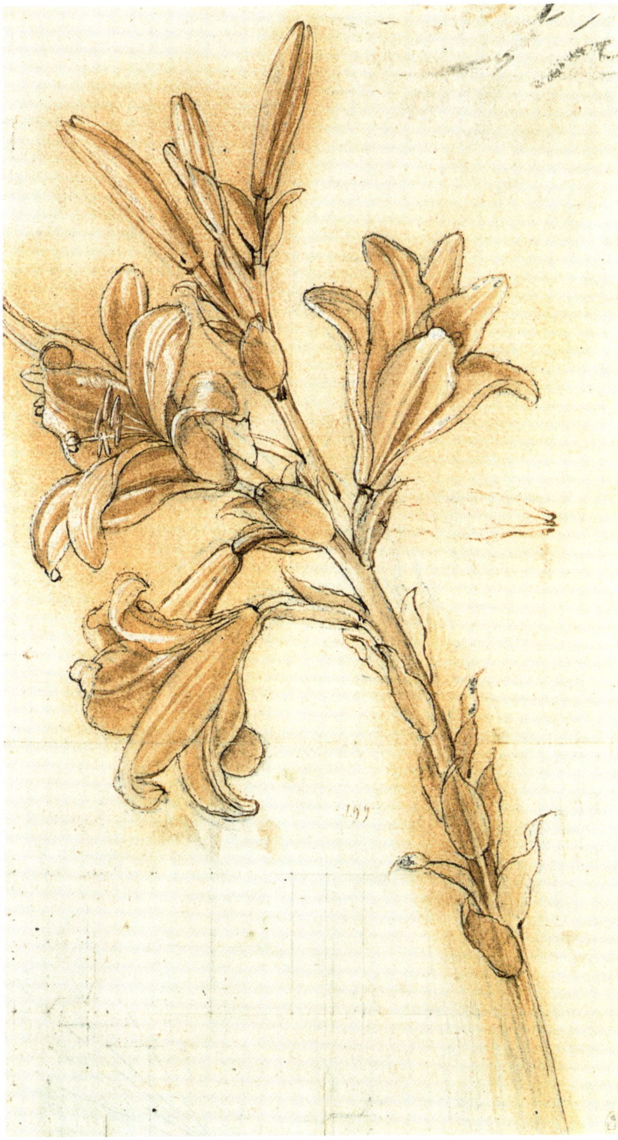

1 | Leonardo da Vinci
Lilienstudie, um 1473
Tusch- und Kreidezeichnung
31,4 x 17,7 cm

Walther von der Vogelweide
Under der linden
um 1200

»Under der linden
an der heide,
dâ unser zweier bette was,
dâ mugent ir vinden
schône beide
gebrochen bluomen unde gras.
vor dem walde in einem tal,
tandaradei,
schône sanc diu nahtegal.

Ich kam gegangen
zuo der ouwe:
dô was mîn friedel komen ê.
dâ wart ich enpfangen,
hêre frouwe,
daz ich bin saelic iemer mê.
kuster mich? wol tûsent stunt:
tandaradei,
seht wie rôt mir ist der munt.

Dô het er gemachet
alsô rîche
von bluomen eine bettestat.
des wirt noch gelachet
inneclîche,
kumt iemen an daz selbe pfat.
bî den rôsen er wol mac,
tandaradei,
merken wâ mirz houbet lac.

Daz er bî mir læge,
wessez iemen
(nu enwelle got!), sô schamt ich mich.
wes er mit mir pflæge,
niemer niemen
bevinde daz, wan er und ich,
und ein kleinez vogellîn:
tandaradei,
daz mac wol getriuwe sin.«

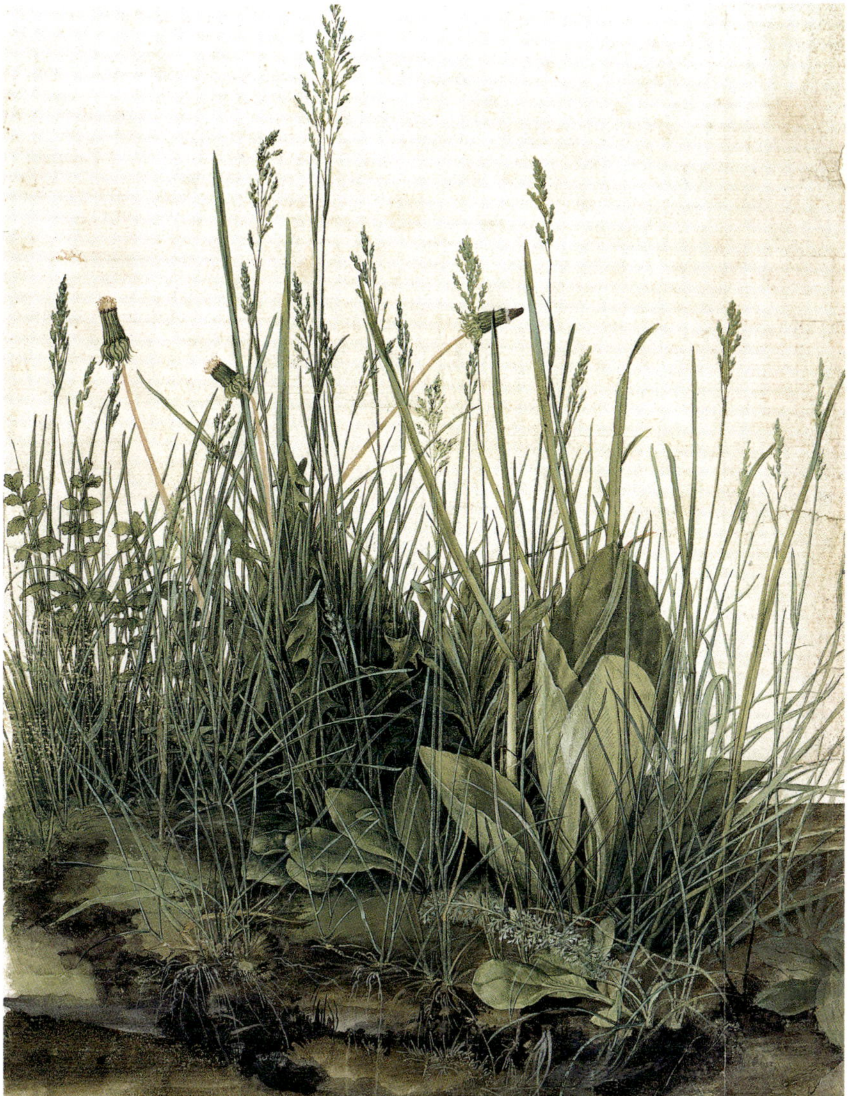

2 | Albrecht Dürer
Das große Rasenstück, um 1503
Aquarell- und Deckfarben
41 x 31,5 cm

Anonym
Winterrose
16. Jahrhundert

Es ist ein ros entsprungen
auß einer wurzel zart
als uns die alten sungen,
auß Jesse kam die art
und hat ein blümlein bracht
mitten im kalten winter
wol zu der halben nacht.

Das röslein das ich meine,
darvon Esaias sagt,
hat uns gebracht alleine
Mari die reine magd:
auf gottes ewgem rat
hat sie ein kind geboren
wol zu der halben nacht.

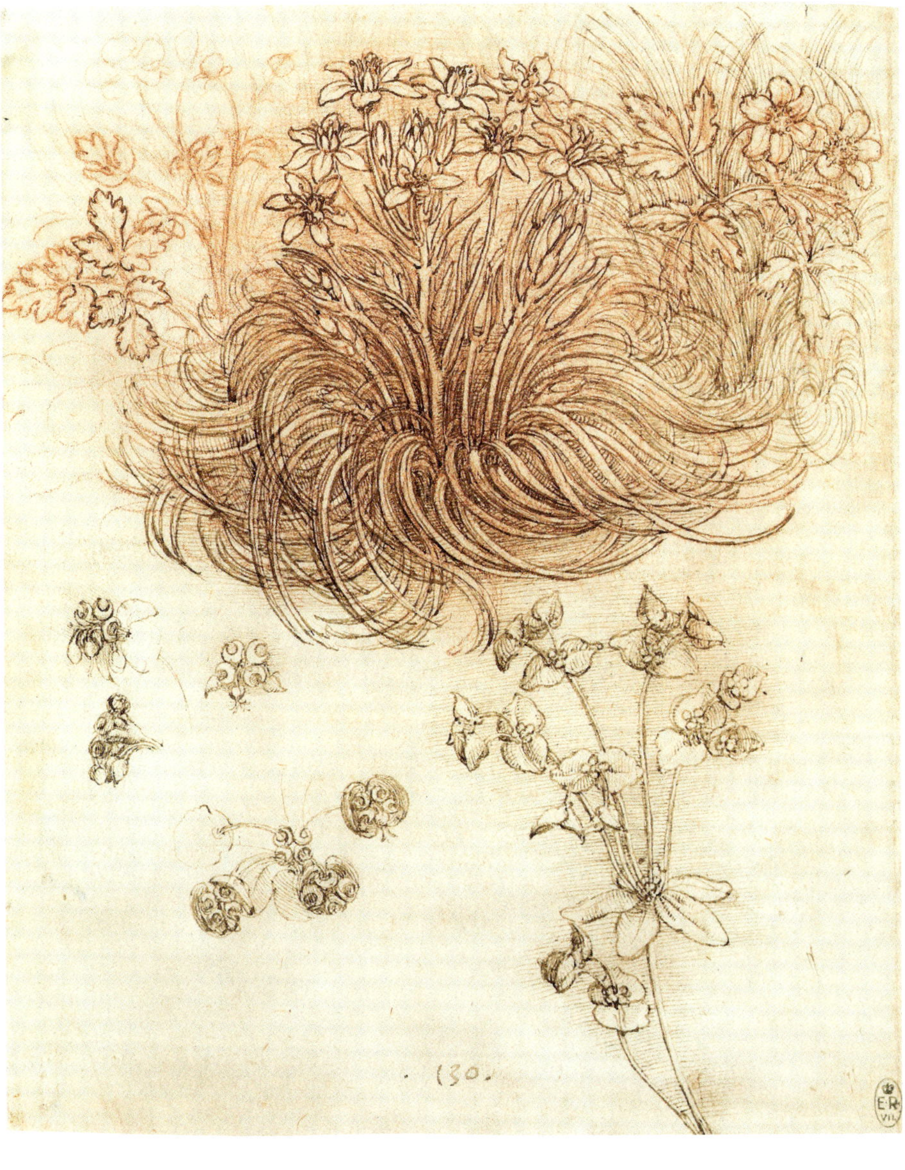

3 | Leonardo da Vinci
Stern von Bethlehem und andere Pflanzen, um 1508
Tinte- und Rötelzeichnung
19,8 x 16 cm

Johann Klaj

Schöne Linde

um 1650

Schöne Linde!
Deine Rinde
Nehm den Wunsch von meiner Hand:
Kröne mit den sanften Schatten
Diese stetsbegraste Matten,
Stehe sicher vor den Brand.
Reißt die graue Zeit hier nieder
Deine Brüder:
Soll der Lenze diese Äst
Jedes Jahr belauben wieder
Und dich hegen wurzelfest.

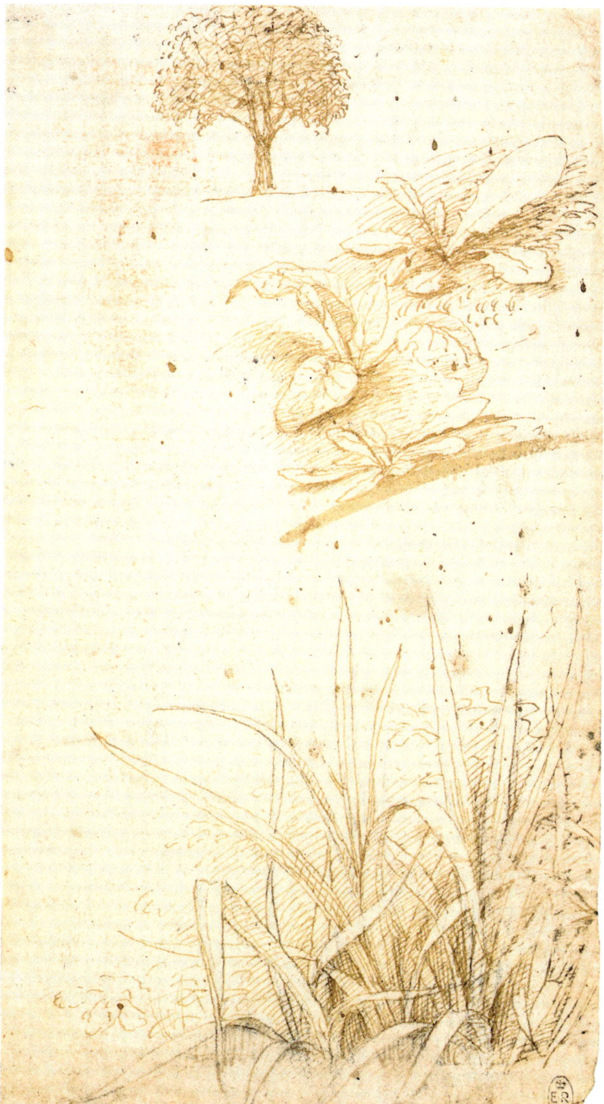

4 | Leonardo da Vinci
Baum und Löwenzahnstudie, um 1500
Tuschzeichnung
22,1 x 12,1 cm

Friedrich von Logau
aus: *Sinn-Gedichte*
1654

Wie willst du weiße Lilien
Zu roten Rosen machen?
Küß eine weiße Galathee:
Sie wird errötend lachen.

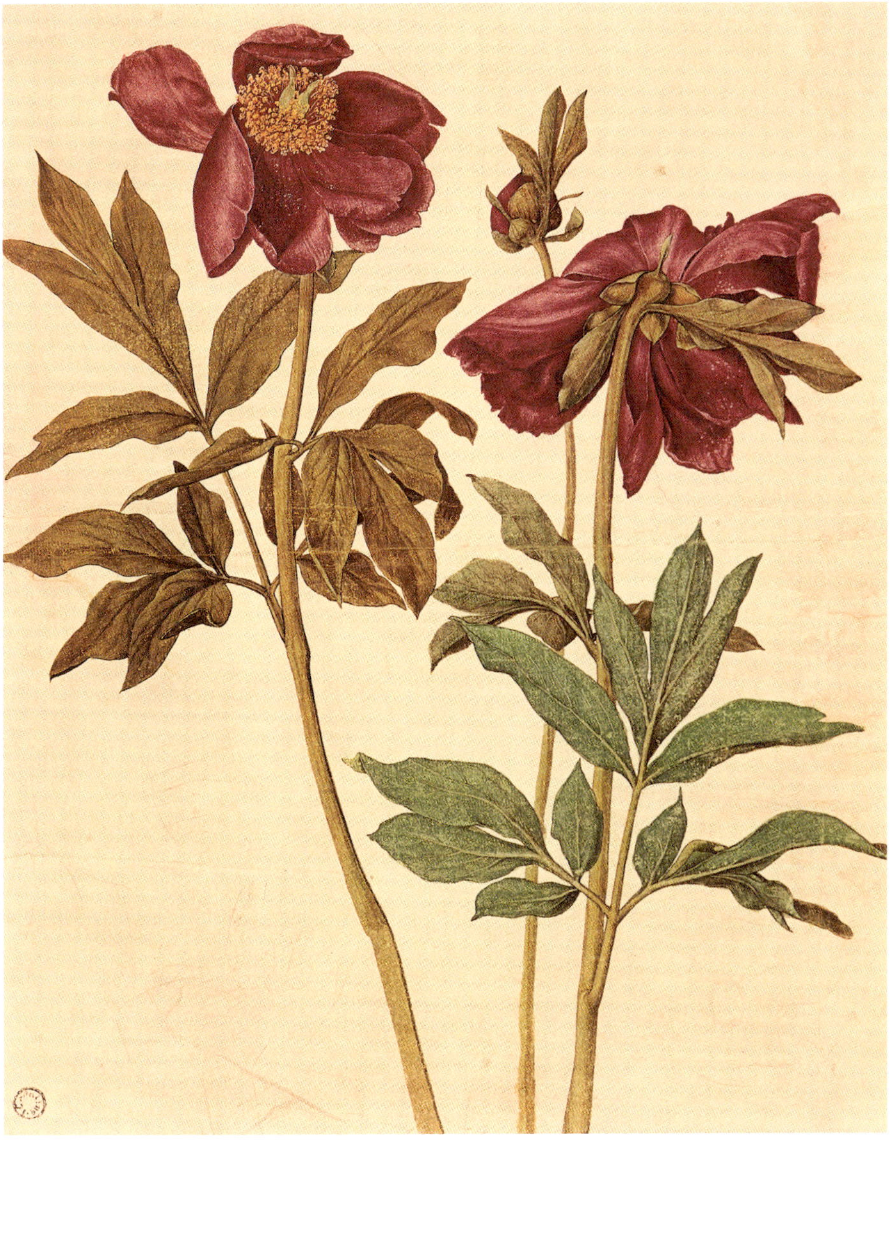

5 | Albrecht Dürer
Zwei Stämme einer wilden Pfingstrose, um 1475
Aquarell- und Deckfarben
37,7 x 30,3 cm

Simon Dach

Horto recreamur amoeno

1640

1

Der habe Lust zu Würffeln und zu Karten /
Der zu dem Tantz / und der zum kühlen Wein /
Ich liebe nichts / als was in diesem Garten
Mein Drangsals-trost und Kranckheit Artzt
kan seyn /
Ihr grünen Bäume /
Du Blumen Zier /
Ihr Hauß der Reyme
Ihr zwinget mir
Dieß Lied herfür.

2

Mir mangelt nur mein Spiel / die süsse Geige /
Die würdig ist / daß sie mit Macht erschall' /
Hie / wo das Laub und die begrünten Zweige
Am Graben mich umbschatten überal /
Hie wo von weitem
Die Gegend lacht /
Wo an der Seiten
Der Wiesen Pracht
Mich frölich macht.

3

Was mir gebricht an Geld und grossen Schätzen
Muß mein Gemüht und dessen güldne Ruh
Durch freyes Thun und Frölichkeit ersetzen /
Die schleusst vor mir das Hauß der Sorgen zu;
Ich wil es geben
Umb keine Welt
Daß sich mein Leben
Oft ohne Geld
So frewdig hält.

4

Gesetzt, daß ich den Erdenkreiß besesse /
Und hätte nichts mit guter Lust gemein /
Wann ich der Zeit in Angst und Furcht
genösse /
Was würd' es mir doch für ein Vortheil seyn?
Weg mit dem allen /
Was Unmuht bringt!
Mir sol gefallen
Was lacht und singt
Und Frewd' erzwingt.

5

Ihr alten Bäum' / und ihr noch junge
Pflantzen /
Rings umb verwahrt vor aller Winde Stoß /
Wo umb und umb sich Frewd und Ruh
verschantzen /
Senckt alle Lust herab in meinen Schoß /
Ihr solt imgleichen
Durch dieß mein Lied /
Auch nicht verbleichen
So lang man Blüht
Auf Erden sieht.

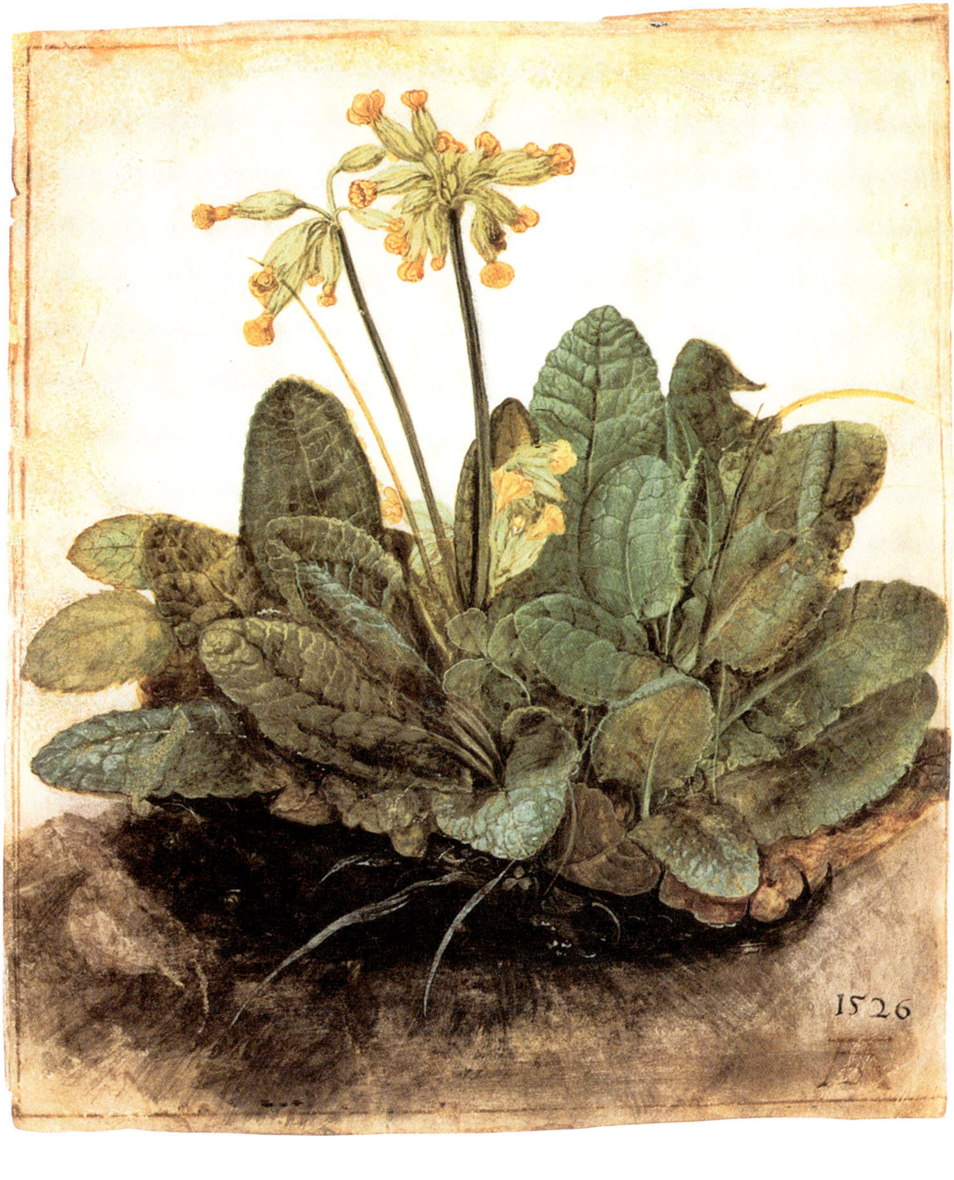

6 | Albrecht Dürer
Schlüsselblumen, 1526 [?]
Aquarell- und Deckfarben
19,2 x 16,8 cm

Paul Gerhardt
Sommergesang
aus: *Geistliche Andachten bestehend in hundert und zwanzig Liedern*
1667/68

1

Geh aus mein Herz und suche Freud
In dieser lieben Sommerzeit
An deines Gottes Gaben:
Schau an der schönen Garten-Zier
Und siehe, wie sie mir und dir
Sich ausgeschmücket haben.

2

Die Bäume stehen voller Laub,
Das Erdreich decket seinen Staub
Mit einem grünen Kleide:
Narcissus und die Tulipan,
Die ziehen sich viel schöner an
Als Salomonis Seide.

3

Die Lerche schwingt sich in die Luft,
Das Täublein fleucht aus seiner Kluft
Und macht sich in die Wälder:
Die hochbegabte Nachtigall
Ergötzt und füllt mit ihrem Schall
Berg, Hügel, Tal und Felder.

4

Die Glucke führt ihr Völklein aus,
Der Storch baut und bewohnt sein Haus,
Das Schwälblein speist ihr Jungen:
Der schnelle Hirsch, das leichte Reh
Ist froh und kommt aus seiner Höh
Ins tiefe Gras gesprungen.

5

Die Bächlein rauschen in dem Sand
Und malen sich und ihren Rand
Mit schattenreichen Myrthen:
Die Wiesen liegen hart dabei
Und klingen ganz vom Lust-Geschrei
Der Schaf und ihrer Hirten.

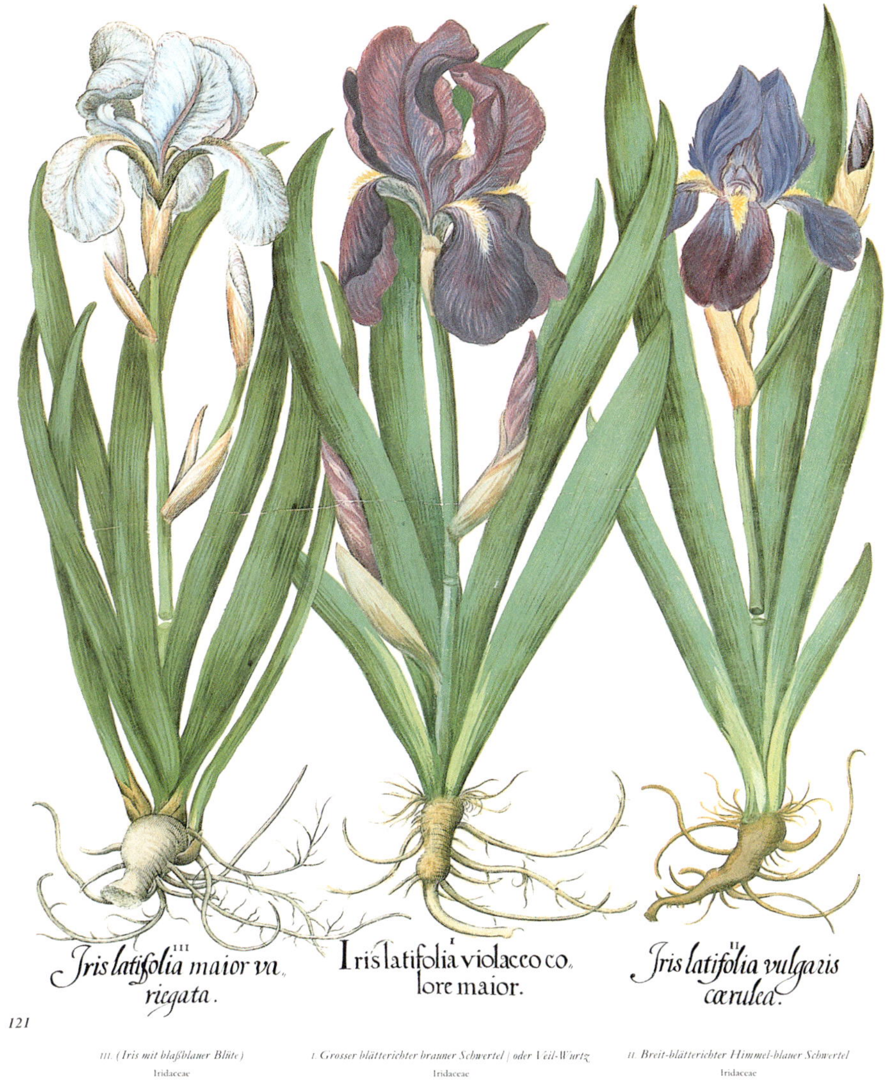

7 | Basilius Besler
Deutsche Schwertlilie, 1613
Handkolorierter Kupferstich
ca. 55 x 47 cm

6

Die unverdroßne Bienenschar
Zeucht hin und her, sucht hier und dar
Ihr edle Honigspeise:
Des süßen Weinstocks starker Saft
Kriegt täglich neue Stärk und Kraft
In seinem schwachen Reise.

7

Der Weizen wächset mit Gewalt,
Darüber jauchzet jung und alt
Und rühmt die große Güte
Des, der so überflüssig labt'
Und mit so manchem Gut begabt
Das menschliche Gemüthe.

8

Ich selbsten kann und mag nicht ruhn:
Des großen Gottes großes Tun
Erweckt mir alle Sinnen:
Ich singe mit, wenn alles singt,
Und lasse, was dem Höchsten klingt,
Aus meinem Herzen rinnen.

9

Ach, denk ich, bist du hier so schön
Und läßt du's uns so lieblich gehn
Auf dieser armen Erden:
Was will doch wohl nach dieser Welt
Dort in dem reichen Himmelszelt
Und güldnem Schlosse werden?

10

Welch hohe Lust, welch heller Schein
Wird wohl in Christi Garten sein?
Wie muß es da wohl klingen,
Da so viel tausend Seraphim
Mit eingestimmtem Mund und Stimm
Ihr Alleluja singen.

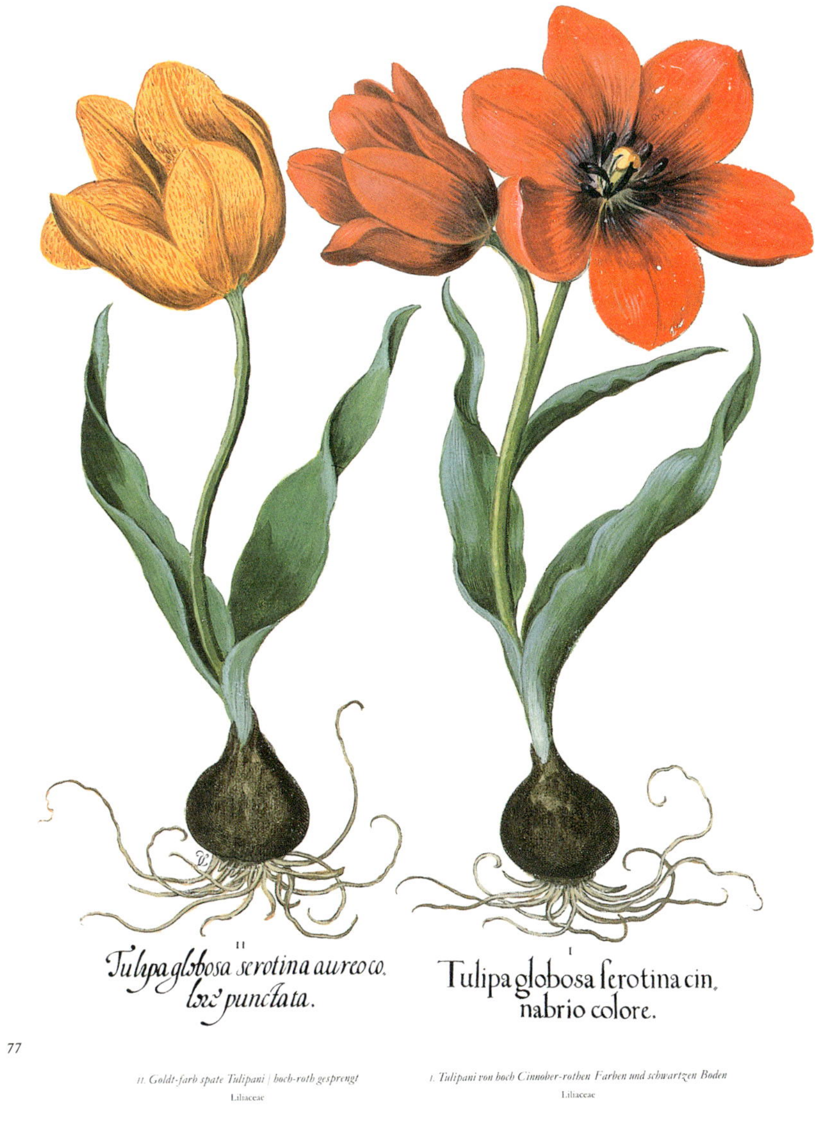

8 | Basilius Besler

Tulpen, 1613

Handkolorierter Kupferstich

ca. 55 x 47 cm

11
O wär ich da! o stünd ich schon,
Ach süßer Gott, vor deinem Thron
Und trüge meine Palmen;
So wollt ich nach der Engel Weis
Erhöhen deines Namens Preis
Mit tausend schönen Psalmen.

12
Doch will ich gleichwohl, weil ich noch
Hier trage dieses Leibes-Joch,
Auch nicht gar stille schweigen:
Mein Herze soll sich fort und fort
An diesem und an allem Ort
Zu deinem Lobe zeigen.

13
Hilf nur und segne meinen Geist
Mit Segen, der vom Himmel fleußt,
Daß ich dir stetig blühe:
Gib, daß der Sommer deiner Gnad
In meiner Seelen früh und spat
Viel Glaubensfrücht erziehe.

14
Mach in mir deinem Geiste Raum,
Daß ich dir werd ein guter Baum
Und laß mich wol bekleiben:
Verleihe, daß zu deinem Ruhm
Ich deines Gartens schöne Blum
Und Pflanze möge bleiben.

15
Erwähle mich zum Paradeis
Und laß mich bis zur letzten Reis
An Leib und Seele grünen:
So will ich dir und deiner Ehr
Allein und sonsten keinem mehr
Hier und dort ewig dienen.

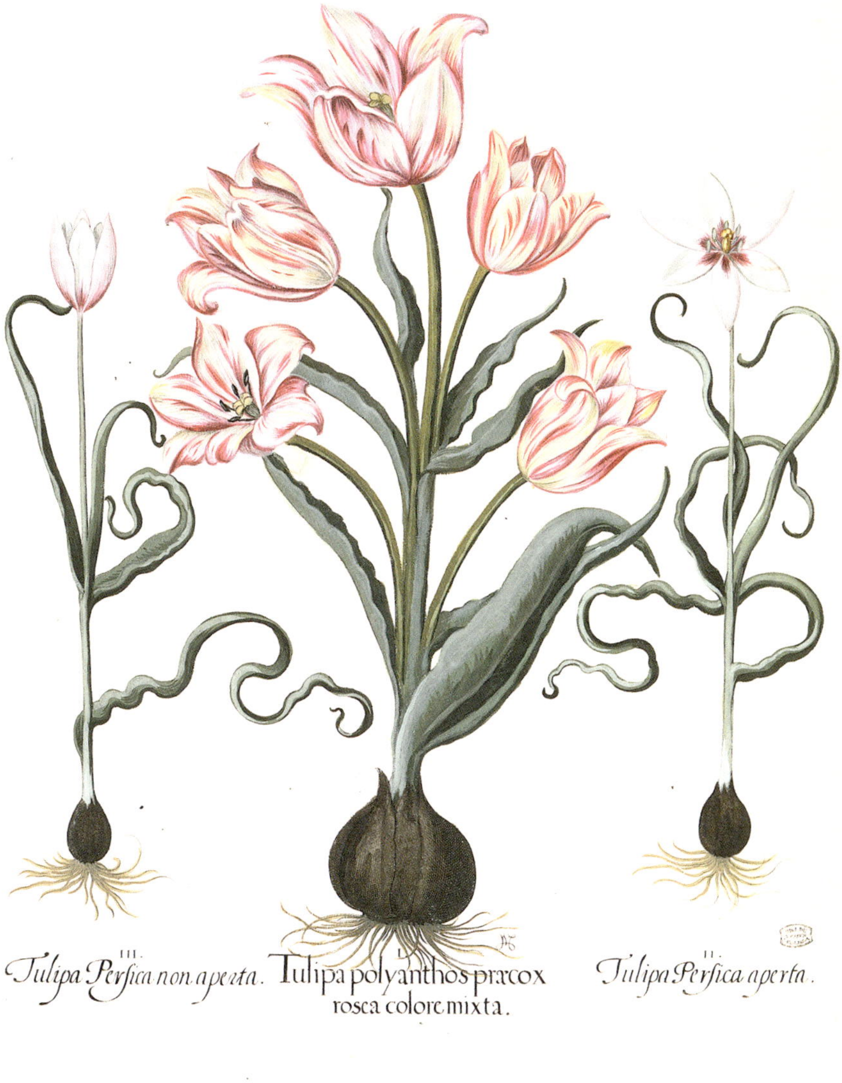

9 | Basilius Besler
Tulpen, 1613
Handkolorierter Kupferstich
ca. 55 x 47 cm

Anonym

Erntelied

16. Jahrhundert

Es ist ein Schnitter, der heißt Tod,
Hat Gewalt vom höchsten Gott,
Heut wezt er das Messer,
Es schneidt schon viel besser,
Bald wird er drein schneiden,
Wir müssen's nur leiden.
Hüte dich schöns Blümelein!

Was heut noch grün und frisch da steht,
wird morgen schon hinweggemäht:
Die edlen Narcissen,
Die Zierden der Wiesen,
Die schön' Hiazinten,
Die türkischen Binden.
Hüte dich schöns Blümelein!

Viel hundert tausend ungezählt,
Was nur unter die Sichel fällt,
Ihr Rosen, ihr Liljen,
Euch wird er austilgen,
Auch die Kaiser-Kronen
Wird er nicht verschonen.
Hüte dich schöns Blümelein!

Das himmelfarbe Ehrenpreiß,
Die Tulipanen gelb und weiß,
Die silbernen Glocken,
Die goldenen Flocken,
Senkt alles zur Erden,
Was wird daraus werden?
Hüte dich schöns Blümelein!

Ihr hübsch Lavendel, Roßmarein,
Ihr vielfärbige Röselein.
Ihr stolze Schwerdliljen,
Ihr krause Basiljen,
Ihr zarte Violen,
Man wird euch bald holen.
Hüte dich schöns Blümelein!

Trotz! Tod, komm her, ich fürcht dich nicht,
Trotz, eil daher in einem Schnitt.
Werd ich nur verletzet,
So werd ich versetzet
In den himmlischen Garten,
Auf den alle wir warten.
Freu' dich du schöns Blümelein.

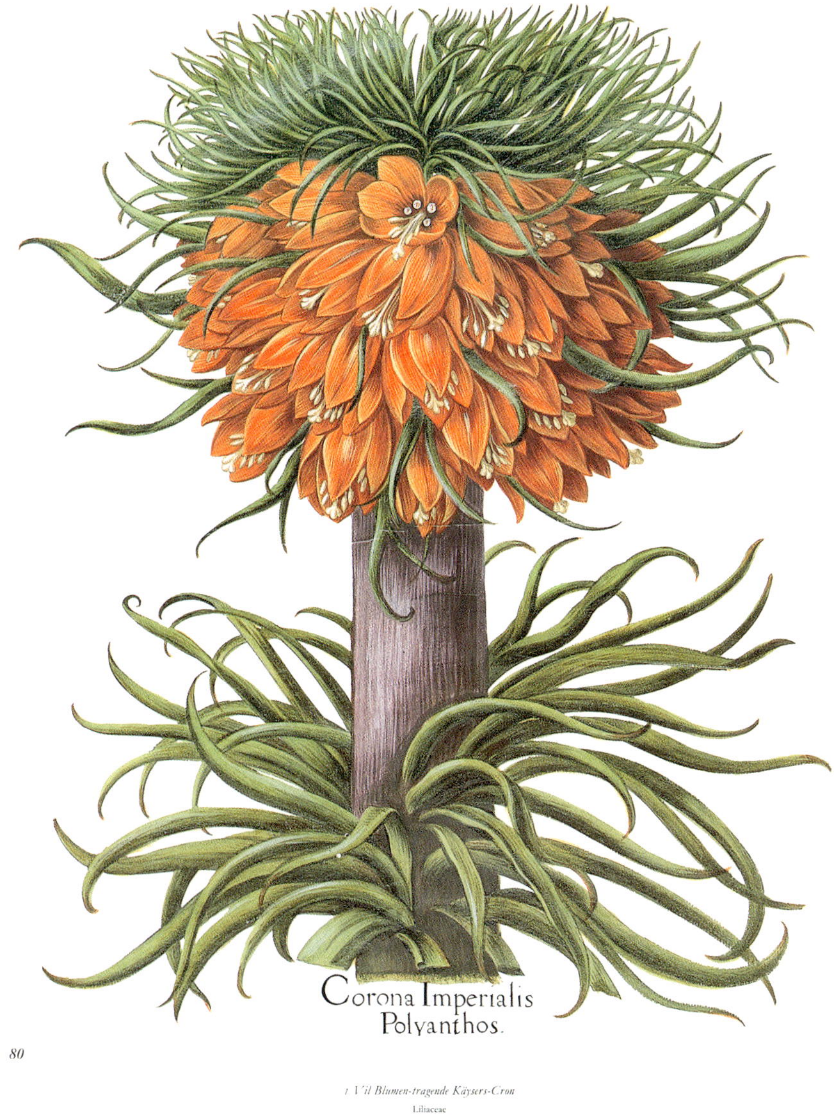

10 | Basilius Besler
Kaiserkrone, 1613
Handkolorierter Kupferstich
ca. 55 x 47 cm

Clemens Brentano
Lureley
1818

Singet leise, leise, leise,
Singt ein flüsternd Wiegenlied,
Von dem Monde lernt die Weise,
Der so still am Himmel zieht.

Singt ein Lied so süß gelinde,
Wie die Quellen auf den Kieseln,
Wie die Bienen um die Linde
Summen, murmeln, flüstern, rieseln.

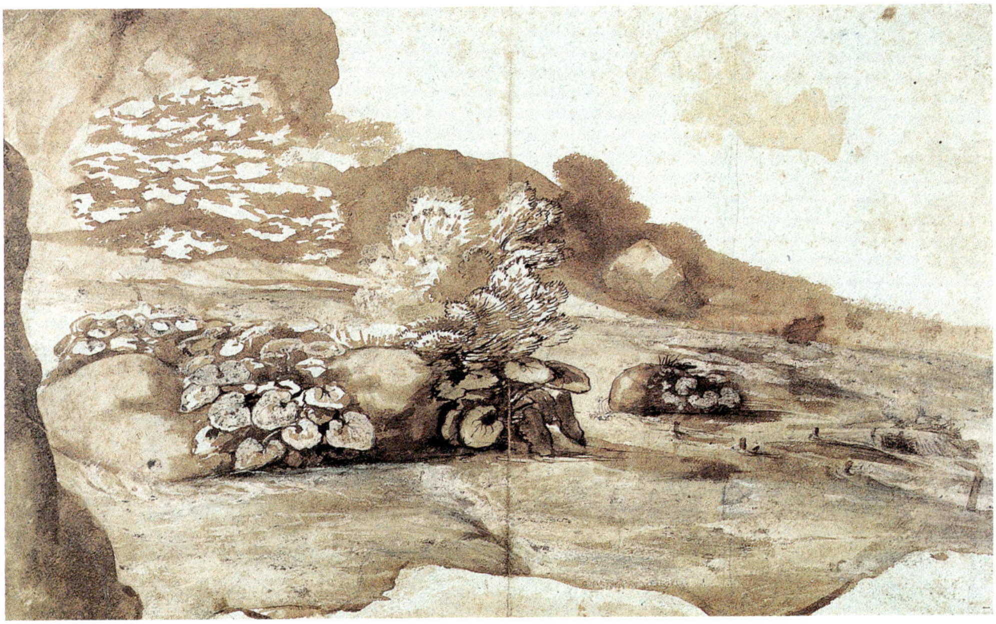

11 | Claude Lorrain
Bachlauf in Subiaco, 1637
Pinselzeichnung
23,8 x 39,5 cm

Clemens Brentano

Auferstehung und Metamorphose

1793 – 1803

O liebliche! wie schön bist Du erstanden!
Die Rose in sich selbst so tief verglühet
Ist hoch in Dir, Du Lilie erblühet
In der sich Form und Inhalt schön verbanden.

O zürne nicht, weil ich es Dir gestanden,
Daß der, der um die Rose sich bemühet
Aus ihr Dich Lilie erstanden siehet
O zürne nicht, hast Du es gleich *verstanden.*

Was in der Rose Sinnenglut verglommen
Muß in der Lilie geist'ger sich entfalten
Muß sich in Licht und reiner Hoheit heben.

Wie Form und Geist sich ewig näherkommen
So wechseln immer höher die Gestalten
Doch wohnt nur eine Liebe in dem Leben.

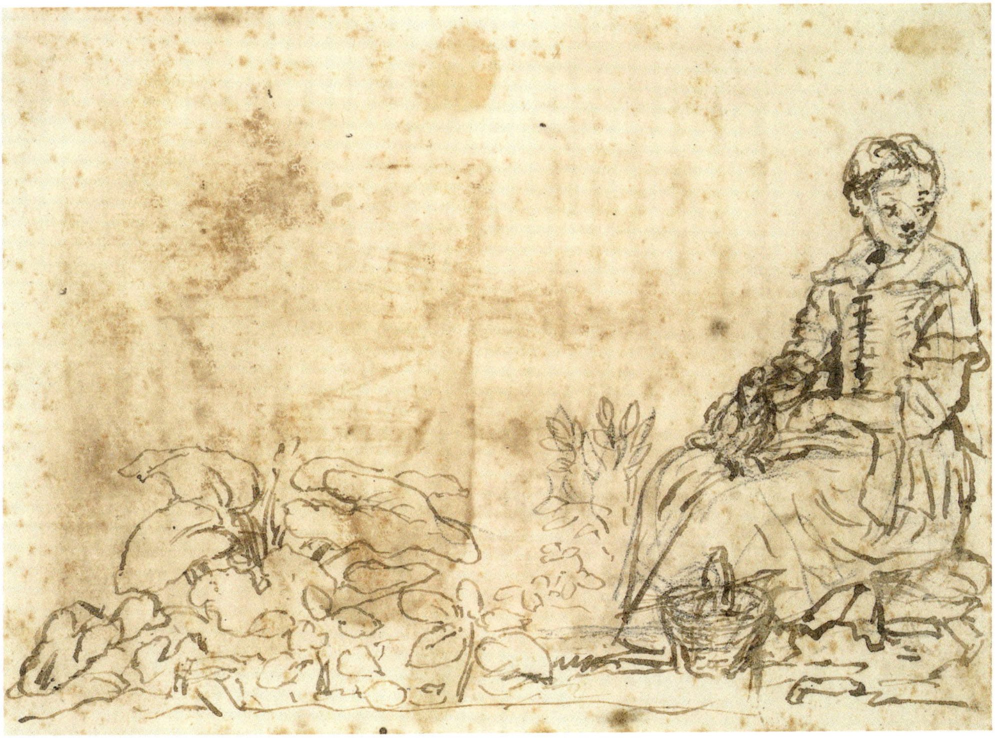

12 | Claude Lorrain
Sitzende Frau neben Pflanzen, zwischen 1665 und 1670
Feder über Kreidevorzeichnung
16 x 22,2 cm

Clemens Brentano
1804 – 1815

Hörst du wie die Brunnen rauschen,
Hörst du wie die Grille zirpt?
Stille, stille, laß uns lauschen,
Selig, wer in Träumen stirbt.
Selig, wen die Wolken wiegen,
Wem der Mond ein Schlaflied singt,
O wie selig kann der fliegen,
Dem der Traum den Flügel schwingt,
Daß an blauer Himmelsdecke
Sterne er wie Blumen pflückt:
Schlafe, träume, flieg', ich wecke
Bald Dich auf und bin beglückt.

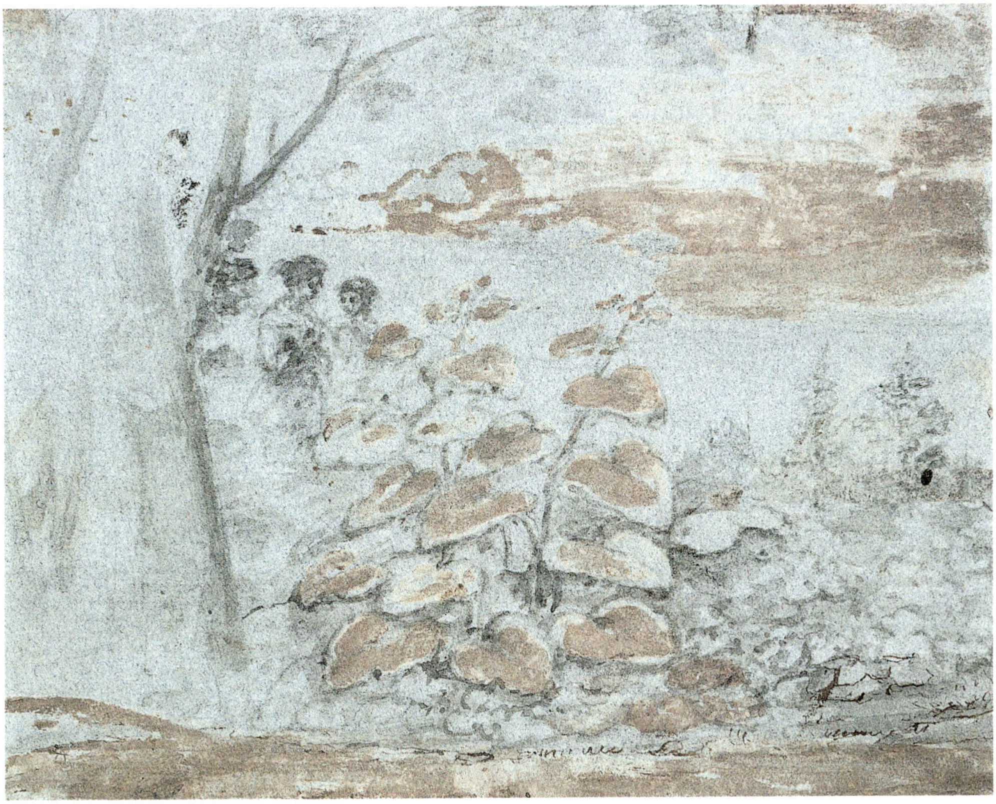

13 | Claude Lorrain
Figuren hinter Pflanzen, um 1669
Pinselzeichnung
18,4 x 23,8 cm

II.

19. JAHRHUNDERT

Johann Wolfgang von Goethe
Mit einem gemalten Band
aus: *Sesenheimer Lieder*
1771

Kleine Blumen, kleine Blätter
Streuen mir mit leichter Hand
Gute junge Frühlingsgötter
Tändelnd auf ein luftig Band.

Zephyr, nimm's auf deine Flügel,
Schling's um meiner Liebsten Kleid!
Und so tritt sie vor den Spiegel
All in ihrer Munterkeit.

Sieht mit Rosen sich umgeben,
Selbst wie eine Rose jung:
Einen Blick, geliebtes Leben!
Und ich bin belohnt genung.

Fühle, was dies Herz empfindet,
Reiche frei mir deine Hand,
Und das Band, das uns verbindet,
Sei kein schwaches Rosenband!

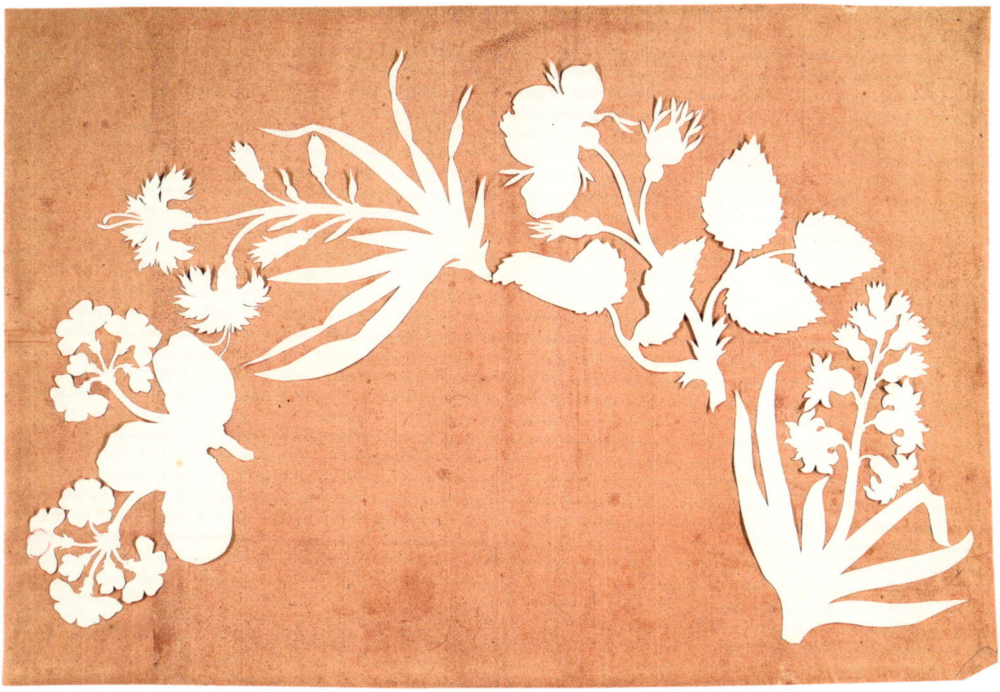

14 | Philipp Otto Runge
Aurikel, Nelke, Rose und Hyazinthe, 1804
Vier Scherenschnitte
32,5 x 49,5 cm

NOVALIS
aus: *Heinrich von Ofterdingen*
1800

...Er fand sich auf einem weichen Rasen am Rande einer Quelle, die in die Luft hinausquoll und sich darin zu verzehren schien. Dunkelblaue Felsen mit bunten Adern erhoben sich in einiger Entfernung; das Tageslicht, das ihn umgab, war heller und milder als das gewöhnliche, der Himmel war schwarzblau und völlig rein. Was ihn aber mit aller Macht anzog, war eine hohe lichtblaue Blume, die zunächst an der Quelle stand, und ihn mit ihren breiten, glänzenden Blättern berührte. Rund um sie her standen unzählige Blumen von allen Farben, und der köstlichste Geruch erfüllte die Luft. Er sah nichts als die blaue Blume, und betrachtete sie lange mit unnennbarer Zärtlichkeit. Endlich wollte er sich ihr nähern, als sie auf einmal sich zu bewegen und zu verändern anfing; die Blätter wurden glänzender und schmiegten sich an den wachsenden Stengel, die Blume neigte sich nach ihm zu, und die Blüthenblätter zeigten einen blauen, ausgebreiteten Kragen, in welchem ein zartes Gesicht schwebte.

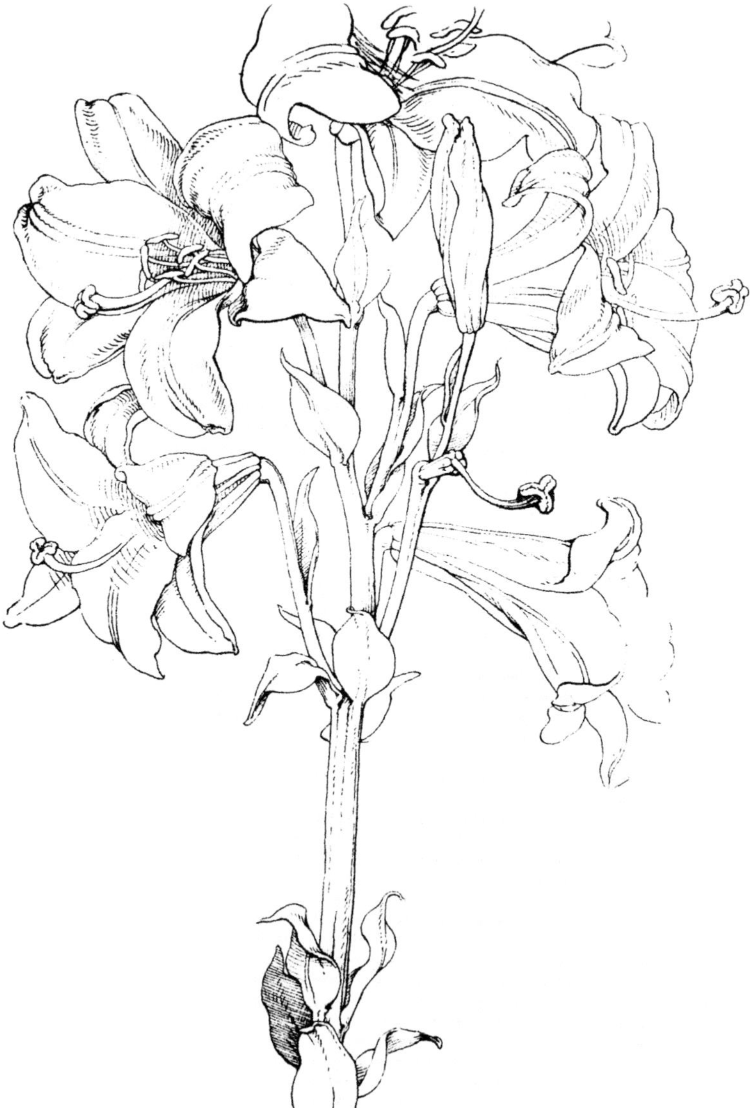

15 | Philipp Otto Runge
Lilienstengel mit fünf Blüten und einer Knospe, 1808/9
Federzeichnung
29,5 x 24 cm

Clemens Brentano
Flöte
aus: *Phantasie (Für Flöte, Klarinette, Waldhorn und Fagott)*
1799

Stille Blumen,
In der Liebe Heiligtumen
Nicht entsprossen,
Welken nieder.
Süße Lieder,
Ohne Echo hingeflossen,
Kehren nimmer wieder.

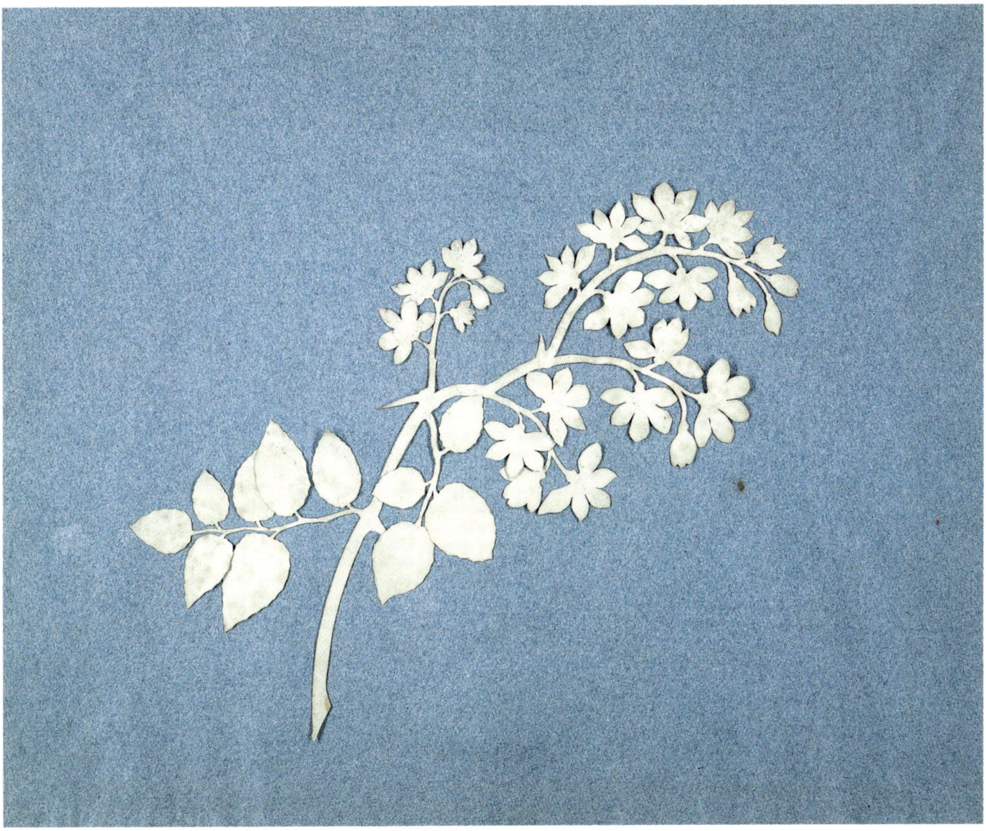

16 | Philipp Otto Runge
Mispelzweig, um 1804
Scherenschnitt
20 x 25 cm

Johann Wolfgang von Goethe
Gingo biloba
aus: *West-östlicher Diwan*
1815

Dieses Baum's Blatt, der von Osten
Meinem Garten anvertraut,
Gibt geheimen Sinn zu kosten,
Wie's den Wissenden erbaut.

Ist es e i n lebendig Wesen,
Das sich in sich selbst getrennt?
Sind es zwei, die sich erlesen,
Daß man sie als e i n e s kennt?

Solche Frage zu erwidern,
Fand ich wohl den rechten Sinn;
Fühlst du nicht an meinen Liedern,
Daß ich eins und doppelt bin?

17 | Philipp Otto Runge
Tulpenblüte von oben, um 1808
Bleistiftzeichnung
29,4 x 23,5 cm

Joseph von Eichendorff

Die Nachtblume

1831 – 1836

Nacht ist wie ein stilles Meer,
Lust und Leid und Liebesklagen
Kommen so verworren her
In dem linden Wellenschlagen.

Wünsche wie die Wolken sind,
Schiffen durch die stillen Räume,
Wer erkennt im lauen Wind,
Ob's Gedanken oder Träume? –

Schließ ich nun auch Herz und Mund,
Die so gern den Sternen klagen:
Leise doch im Herzensgrund
Bleibt das linde Wellenschlagen.

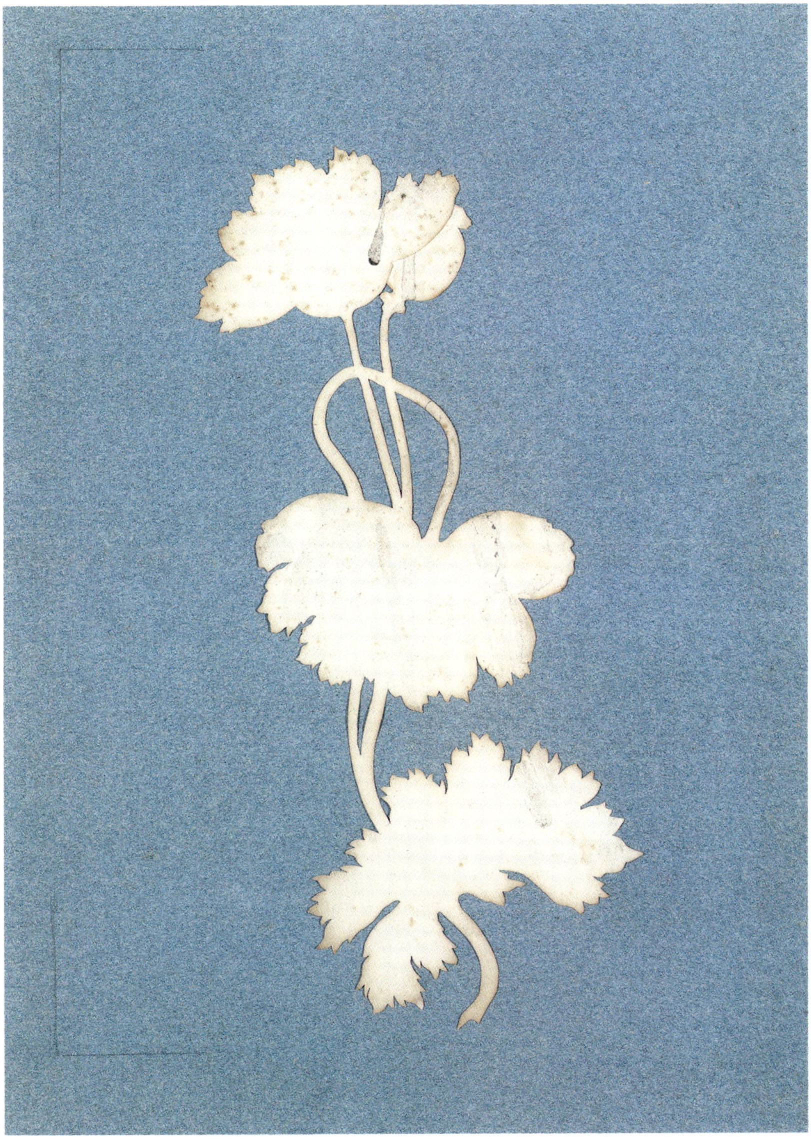

18 | Philipp Otto Runge
Mohnblumen, um 1800
Scherenschnitt
25 x 13 cm

Clemens Brentano
1834 – 1842

Was reif in diesen Zeilen steht,
Was lächelnd winkt und sinnend fleht,
Das soll kein Kind betrüben,
Die Einfalt hat es ausgesäet,
Die Schwermut hat hindurchgeweht,
Die Sehnsucht hat's getrieben;
Und ist das Feld einst abgemäht,
Die Armut durch die Stoppeln geht,
Sucht Ähren, die geblieben,
Sucht Lieb', die für sie untergeht,
Sucht Lieb', die mit ihr aufersteht,
Sucht Lieb', die sie kann lieben,
Und hat sie einsam und verschmäht
Die Nacht durch dankend im Gebet
Die Körner ausgerieben,
Liest sie, als früh der Hahn gekräht,
Was Lieb' erhielt, was Leid verweht,
Ans Feldkreuz angeschrieben,
O Stern und Blume, Geist und Kleid,
Lieb', Leid und Zeit und Ewigkeit!

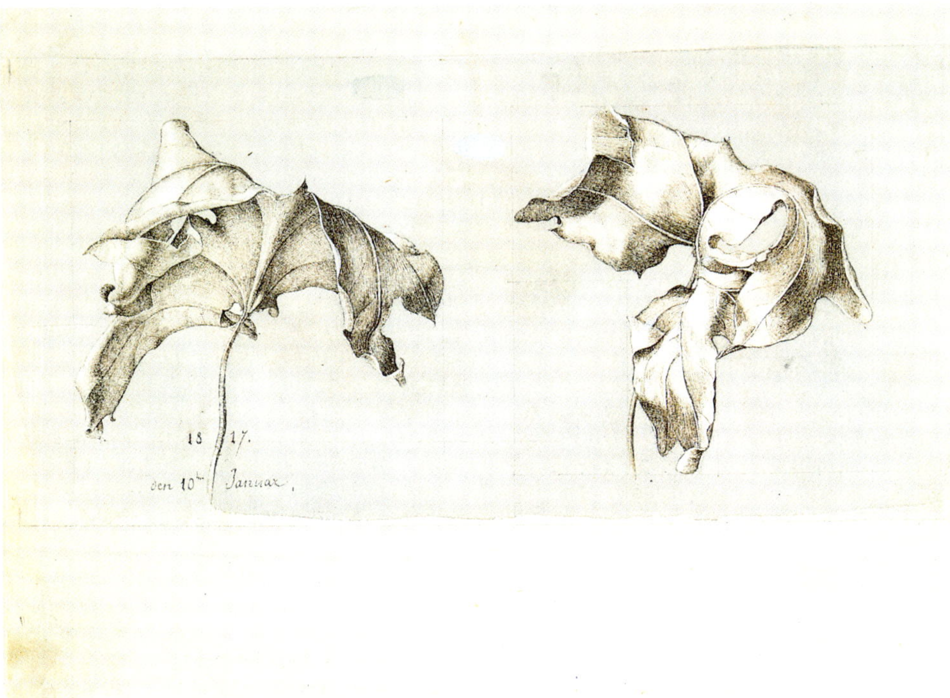

19 | Friedrich Olivier
Welke Ahornblätter, 1817
Aquarellierte Federzeichnung
15,3 x 24,9 cm

Clemens Brentano
20. Jenner nach großem Leid
1835

Ich darf wohl von den Sternen singen,
Mich hat die Blume angeblickt,
Und wird mein armes Lied gelingen,
Dann wird vom Stern mir zugenickt.
  O Stern und Blume, Geist und Kleid,
Lieb, Leid, und Zeit und Ewigkeit.

Im Garten stand die frühe Waise,
Und senkt den Blick zum Blumenfeld
Die Sonne sank im Purpurgleise,
Die Sterne spannen aus ihr Zelt.
  O Stern und Blume, Geist und Kleid,
Lieb, Leid, und Zeit und Ewigkeit.

Mit euch wohl wagt ein Kind zu sprechen,
Ihr kennet mich und bin ich stumm,
Weil mir das kranke Herz will brechen,
Bringt ihr mich nicht mit Fragen um.
  O Stern und Blume, Geist und Kleid,
Lieb, Leid, und Zeit und Ewigkeit.

Ihr lieben Blumen still und innig
Ein Tröpfchen Tau, ein Licht, ein Hauch,
Ihr lieben Sterne klar und sinnig
Ein Strahl, ein Blick, ein Blitz, ein Aug'.
  O Stern und Blume, Geist und Kleid,
Lieb, Leid, und Zeit und Ewigkeit.

Und wie die Sterne heller blinken
Beugt Schatten sich aufs Blumenfeld
Und auch des Kindes Augen sinken,
Der Traum sie in den Armen hält.
  O Stern und Blume, Geist und Kleid,
Lieb, Leid, und Zeit und Ewigkeit.

Ihr Engel steiget auf und nieder
Bringt Sternenlust, bringt Blumenschmerz,
Und küßt die unerschaffnen Lieder
Und legt sie schlafen auf ihr Herz.
  O Stern und Blume, Geist und Kleid,
Lieb, Leid, und Zeit und Ewigkeit.

Und wiegt die tauberauschte Rose,
Im Dornenbettchen bald zur Ruh',
Und schließt dem Veilchen in dem Moose,
Die frommen Augen segnend zu.
  O Stern und Blume, Geist und Kleid,
Lieb, Leid, und Zeit und Ewigkeit.

Die Blumen all, die farbig prangen,
Sie waren bald nicht mehr zu sehn,
Die Nacht nahm ihre Pracht gefangen
Nur eine Schar blieb betend stehn.
  O Stern und Blume, Geist und Kleid,
Lieb, Leid, und Zeit und Ewigkeit.

Sieh dorten um die süße Linde
Steht eine reine Lilienschar,
Der Engel zeigte sie dem Kinde,
Sie leuchteten ganz wunderbar.
  O Stern und Blume, Geist und Kleid,
Lieb, Leid, und Zeit und Ewigkeit. […]

Geh armes Lied und sag der Lieben
Es hat ein Herz zum Tode krank
Mich unter Tränen aufgeschrieben,
Und zagt, ich sei dir nicht zu Dank!
  O Stern und Blume, Geist und Kleid,
Lieb, Leid, und Zeit und Ewigkeit.

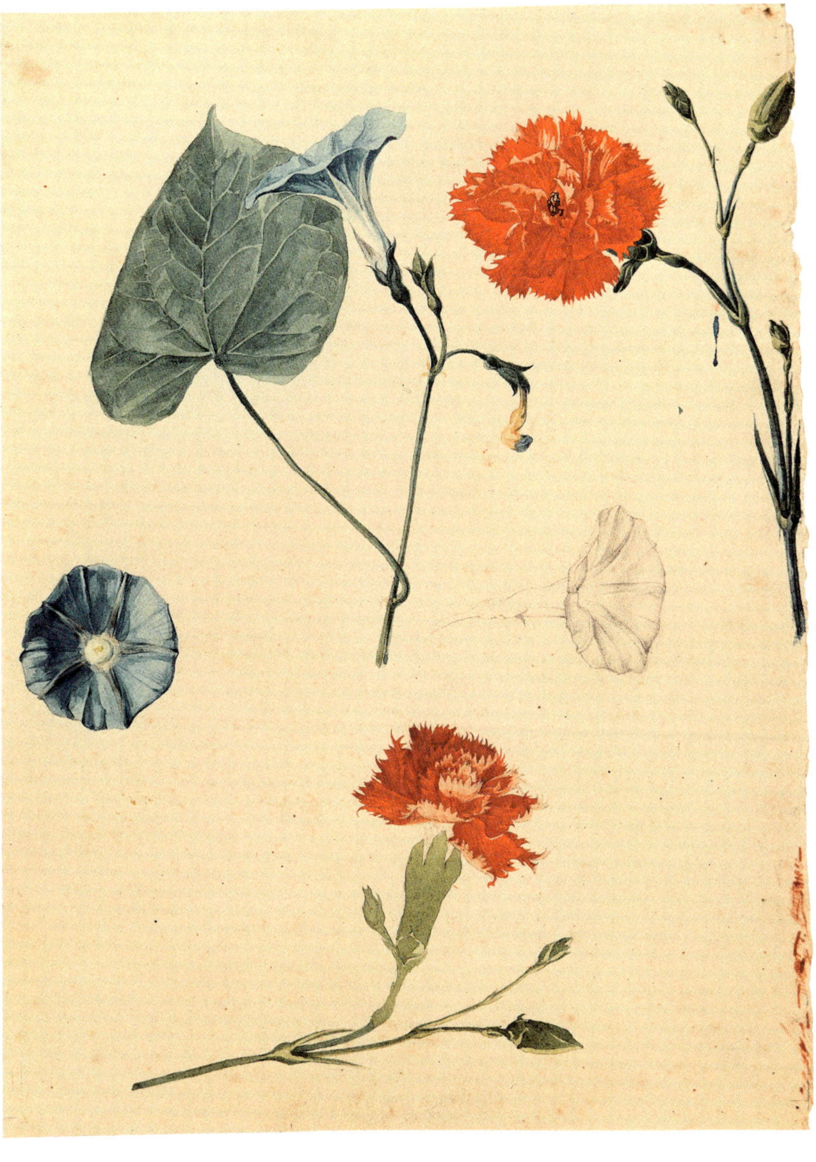

20 | Franz Theobald Horny
Rote Nelken und Ackerwinden, um 1817
Aquarellierte Bleistiftzeichnung
25,4 x 18,7 cm

Heinrich Heine

Buch der Lieder, XLVII

1828

Du bist wie eine Blume,
So hold und schön und rein;
Ich schau dich an, und Wehmut
Schleicht mir ins Herz hinein.

Mir ist, als ob ich die Hände
Aufs Haupt dir legen sollt,
Betend, daß Gott dich erhalte
So rein und schön und hold.

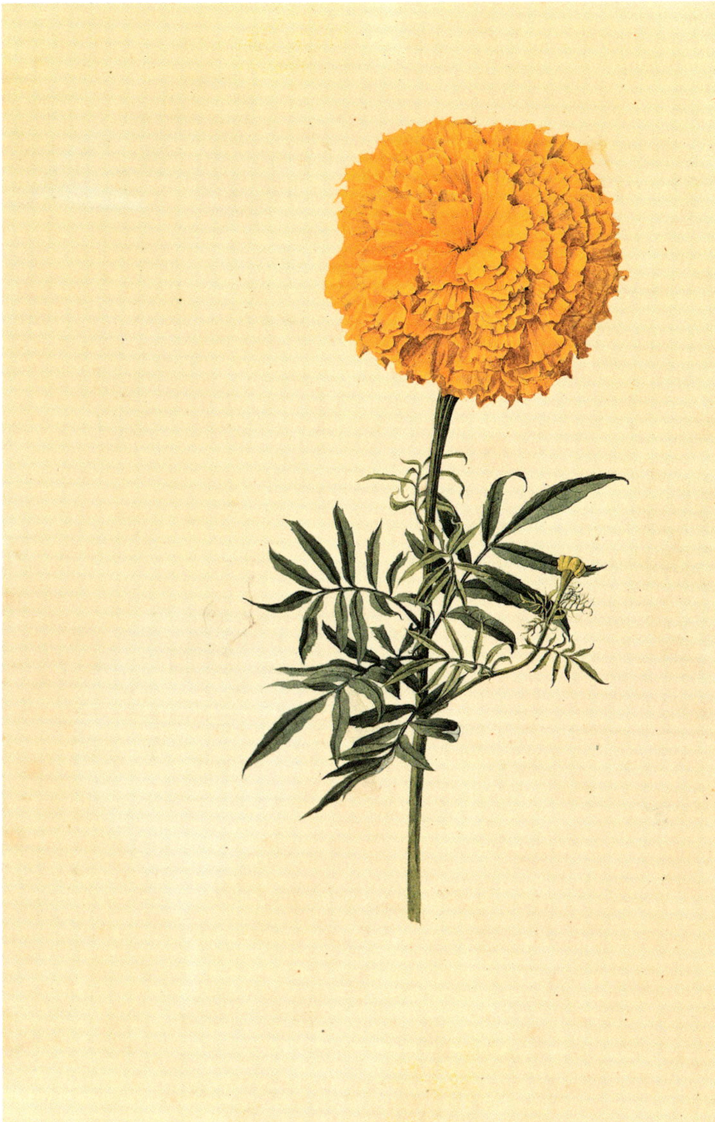

21 | Franz Theobald Horny
Tagetesblüte, um 1817
Aquarellierte Federzeichnung
31,8 x 20,9 cm

Joseph von Eichendorff
Seliges Vergessen
(aus dem Spanischen)
1839

Im Winde fächeln,
Mutter, die Blätter,
Und bei dem Säuseln
Schlummre ich ein.

Über mir schwanken
Und spielen die Winde,
Wiegen so linde
Das Schifflein der Gedanken,
Wie wenn ohne Schranken
Der Himmel mir offen,
Daß still wird mein Hoffen
Und Frieden ich finde,
Und bei dem Säuseln
Schlummre ich ein.

Erwachend dann sehe,
Als ob sie mich kränzen,
Rings Blumen ich glänzen,
Und all meine Wehen
Verschweben, vergehen,
Der Traum hält sie nieder,
Und Leben gibt wieder
Das Flüstern der Blätter,
Und bei dem Säuseln
Schlummre ich ein.

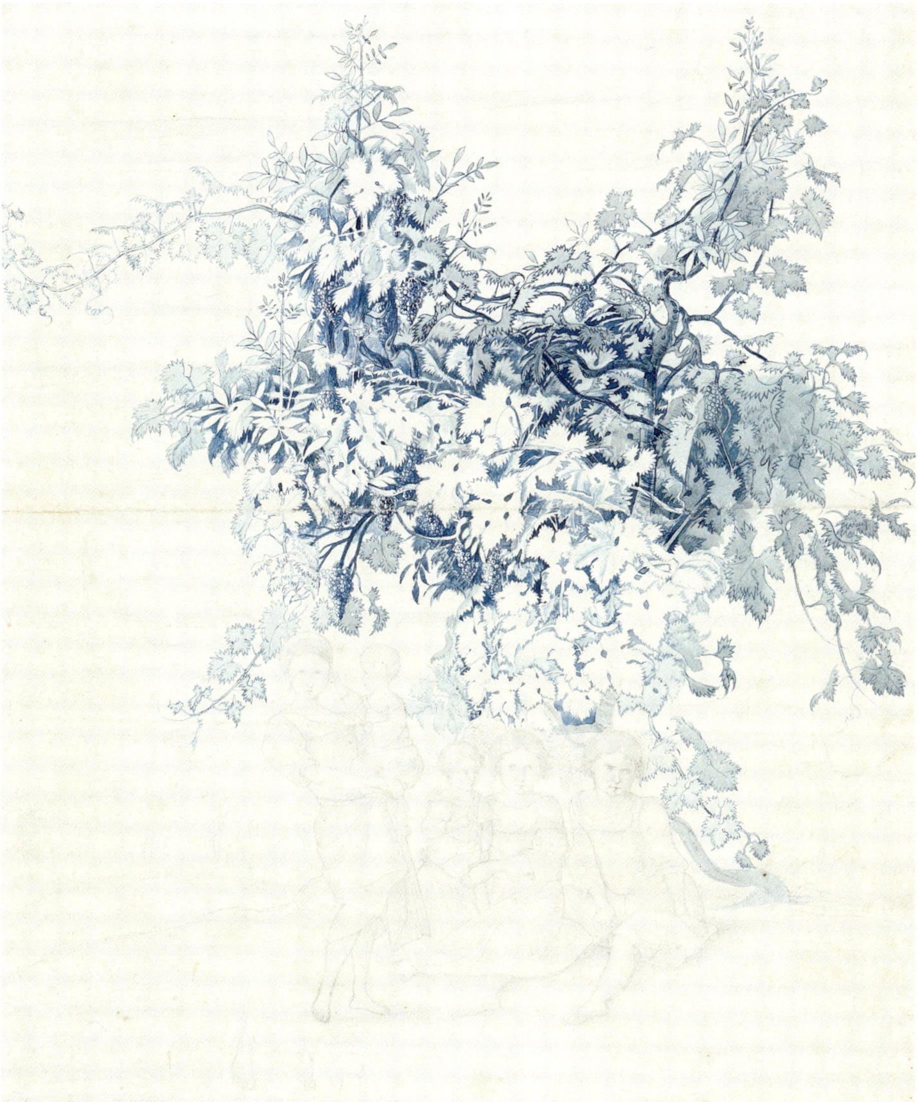

22 | Franz Theobald Horny
Kinder unter weinbewachsenem Olivenbaum, um 1817/18
Aquarellierte Zeichnung
48,6 x 41,1 cm

Wilhelm Müller
Frühlingstraum
aus: *Die Winterreise*
1823

Ich träumte von bunten Blumen,
So wie sie wohl blühen im Mai,
Ich träumte von grünen Wiesen,
Von lustigem Vogelgeschrei.

Und als die Hähne krähten,
Da ward mein Auge wach;
Da war es kalt und finster,
Es schrieen die Raben vom Dach.

Doch an den Fensterscheiben,
Wer malte die Blätter da?
Ihr lacht wohl über den Träumer,
Der Blumen im Winter sah?

Ich träumte von Lieb um Liebe,
Von einer schönen Maid,
Von Herzen und von Küssen,
Von Wonne und Seligkeit.

Und als die Hähne krähten,
Da ward mein Herze wach,
Nun sitz ich hier alleine
Und denke dem Traume nach.

Die Augen schließ ich wieder,
Noch schlägt das Herz so warm.
Wann grünt ihr Blätter am Fenster,
Wann halt ich mein Liebchen im Arm?

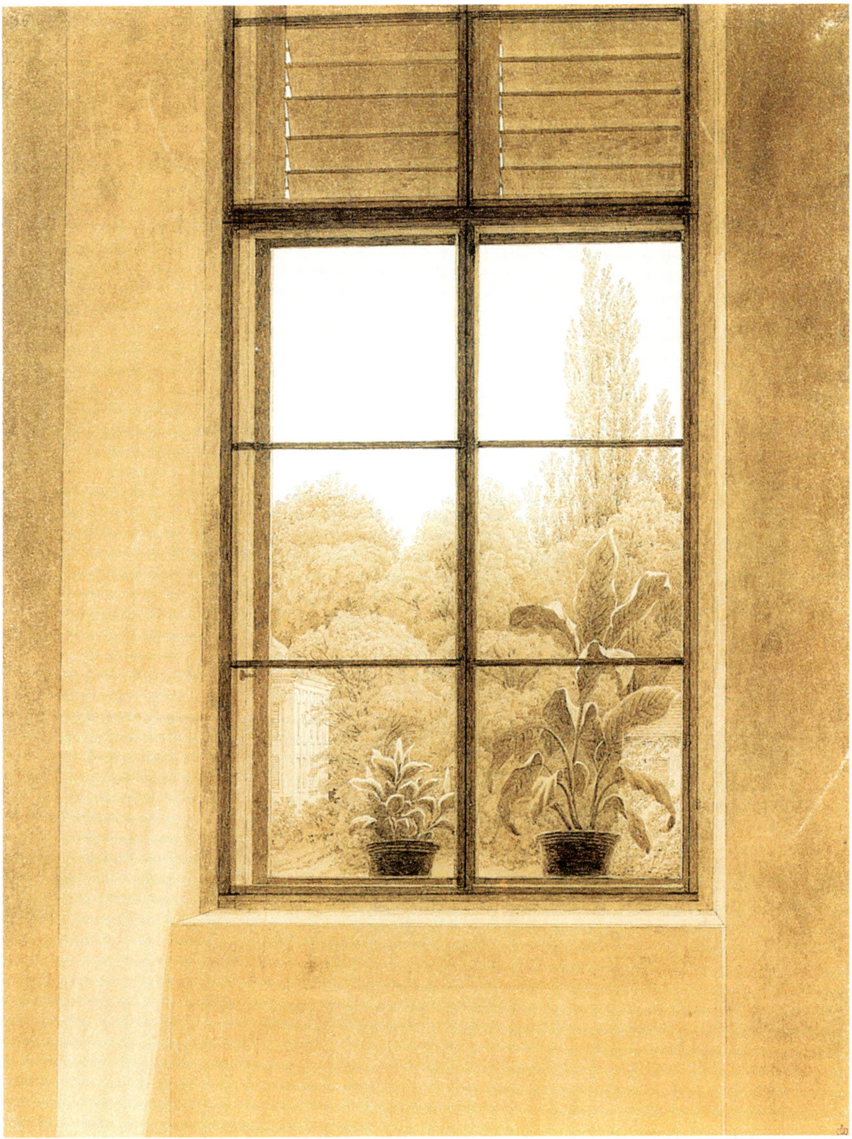

23 | Caspar David Friedrich
Fenster mit Parkpartie, um 1806 – 11 oder 1835 – 37
Bleistift- und Sepiazeichnung
39,8 x 30,5 cm

Joseph von Eichendorff
Nachtzauber
1853

Hörst du nicht die Quellen gehen
Zwischen Stein und Blumen weit
Nach den stillen Waldesseen,
Wo die Marmorbilder stehen
In der schönen Einsamkeit?
Von den Bergen sacht hernieder,
Weckend die uralten Lieder,
Steigt die wunderbare Nacht,
Und die Gründe glänzen wieder,
Wie du's oft im Traum gedacht.

Kennst die Blume du, entsprossen
In dem mondbeglänzten Grund?
Aus der Knospe, halb erschlossen,
Junge Glieder blühend sprossen,
Weiße Arme, roter Mund,
Und die Nachtigallen schlagen,
Und rings hebt es an zu klagen,
Ach, vor Liebe todeswund,
Von versunknen schönen Tagen –
Komm, o komm zum stillen Grund!

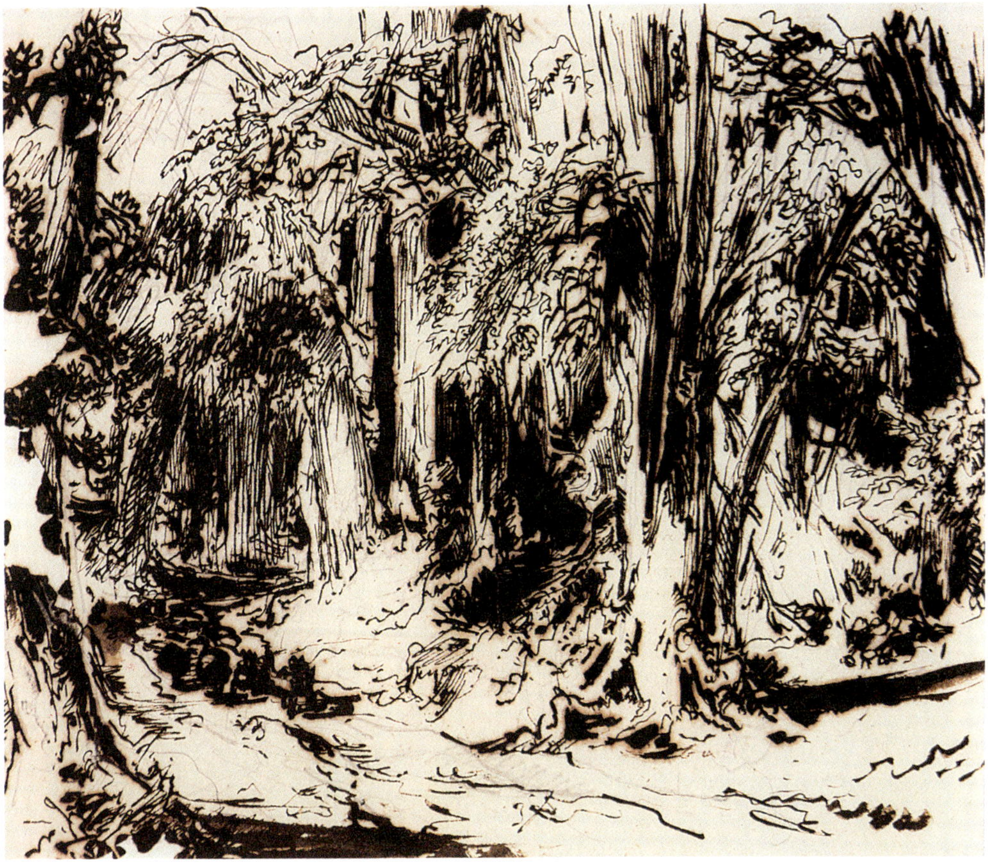

24 | Karl Blechen
Weg im Wald, um 1830 – 1836
Feder- und Bleistiftzeichnung
17,8 x 21 cm

Nikolaus Lenau

An meine Rose

1832

Frohlocke, schöne junge Rose,
Dein Bild wird nicht verschwinden,
Wenn auch die Glut, die dauerlose,
Verweht in Abendwinden.

So süßer Duft, so helle Flamme
Kann nicht für irdisch gelten,
Du prangst am stolzen Rosenstamme,
Verpflanzt aus andern Welten.

O weilten wir in jenen Lüften,
Wo keine Schranke wehrte,
Daß ich mit deinen Zauberdüften
Die Ewigkeiten nährte! –

Hier nahn die Augenblicke, – schwinden
An dir vorüber immer,
Ein jeder eilt, dich noch zu finden
In deinem Jugendschimmer;

Und ich, wie sie, muß immer eilen
Mit allem meinem Lieben
An dir vorbei, darf nie verweilen,
Von Stürmen fortgetrieben.

Doch hat, du holde Wunderblume,
Mein Herz voll süßen Bebens
Dich mir gemalt zum Eigentume
Ins Tiefste meines Lebens,

Wohin der Tod, der Ruhebringer,
Sich scheuen wird zu greifen,
Wenn endlich seine sanften Finger
Mein Welkes niederstreifen.

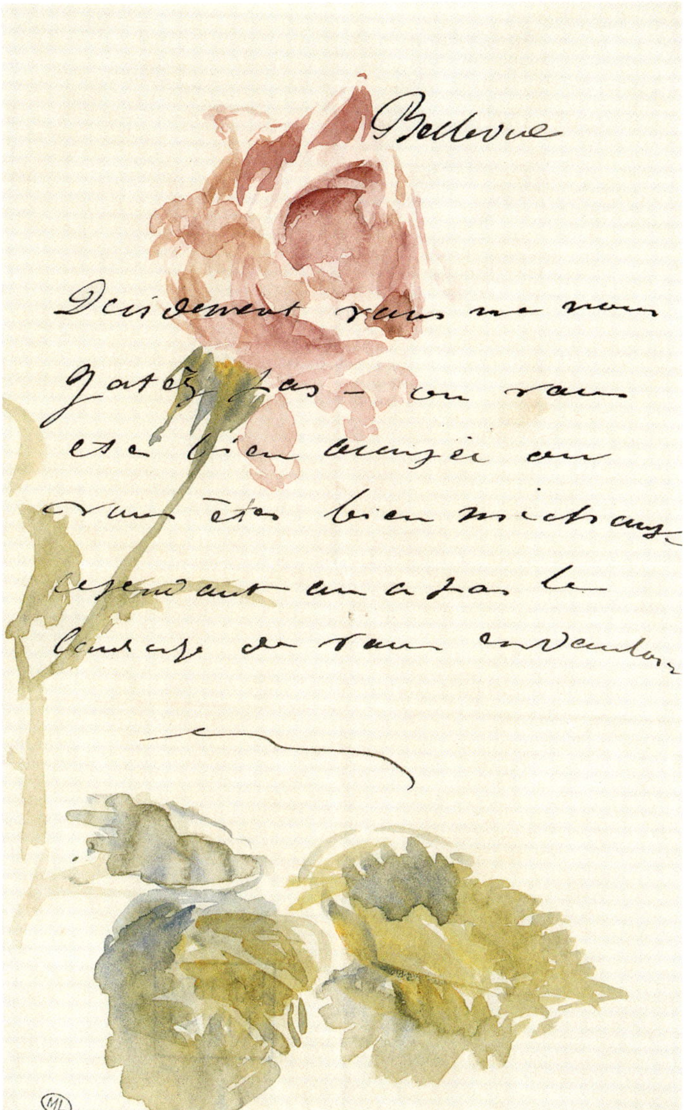

25 | Edouard Manet
Brief mit Rosenknospe, 1880
Aquarell und Tinte
20 x 12,5 cm

Gottfried Keller

Der Taugenichts

1851 – 1854

Die ersten Veilchen waren schon
Erwacht im stillen Tal;
Ein Bettelpack stellt' seinen Thron
Ins Feld zum erstenmal.
Der Alte auf dem Rücken lag,
Das Weib, das wusch am See;
Bestaubt und unrein schmolz im Hag
Das letzte Häuflein Schnee.

Der Vollmond warf den Silberschein
Dem Bettler in die Hand,
Bestreut' der Frau mit Edelstein
Die Lumpen, die sie wand;
Ein linder West blies in die Glut
Von einem Dorngeflecht,
Drauf kocht' in Bettelmannes Hut
Ein sündengrauer Hecht.

Da kam der kleine Betteljung',
Vor Hunger schwach und matt,
Doch glühend in Begeisterung
Vom Streifen durch die Stadt,
Hielt eine Hyazinthe dar
In dunkelblauer Luft;
Dicht drängte sich der Kelchlein Schar,
Und selig war der Duft.

Der Vater rief: »Wohl hast du mir
Viel Pfennige gebracht?«
Der Knabe rief: »O sehet hier
Der Blume Zauberpracht!
Ich schlich zum goldnen Gittertor,
So oft ich ging, zurück,
Bedacht nur, aus dem Wunderflor
Zu stehlen mir dies Glück!

O sehet nur, ich werde toll,
Die Glöcklein alle an!
Ihr Duft, so fremd und wundervoll,
Hat es mir angetan!
O schlaget nicht mich armen Wicht,
Laßt euren Stecken ruhn!
Ich will ja nichts, mich hungert nicht,
Ich will's nicht wieder tun!«

»O wehe mir geschlagnem Tropf!«
Brach nun der Alte aus,
»Mein Kind kommt mit verrücktem Kopf
Anstatt mit Brot nach Haus!
Du Taugenichts, du Tagedieb
Und deiner Eltern Schmach!«
Und rüstig langt' er Hieb auf Hieb
Dem armen Jungen nach.

Im Zorn fraß er den Hecht, noch eh
Der gar gesotten war,
Schmiß weit die Gräte in den See
Und stülpt' den Filz aufs Haar.
Die Mutter schmält' mit sanftem Wort
Den mißgeratnen Sohn,
Der warf die Blume zitternd fort
Und hinkte still davon.

Es perlte seiner Tränen Fluß,
Er legte sich ins Gras
Und zog aus seinem wunden Fuß
Ein Stücklein scharfes Glas.
Der Gott der Taugenichtse rief
Der guten Nachtigall,
Daß sie dem Kind ein Liedchen pfiff
Zum Schlaf mit süßem Schall.

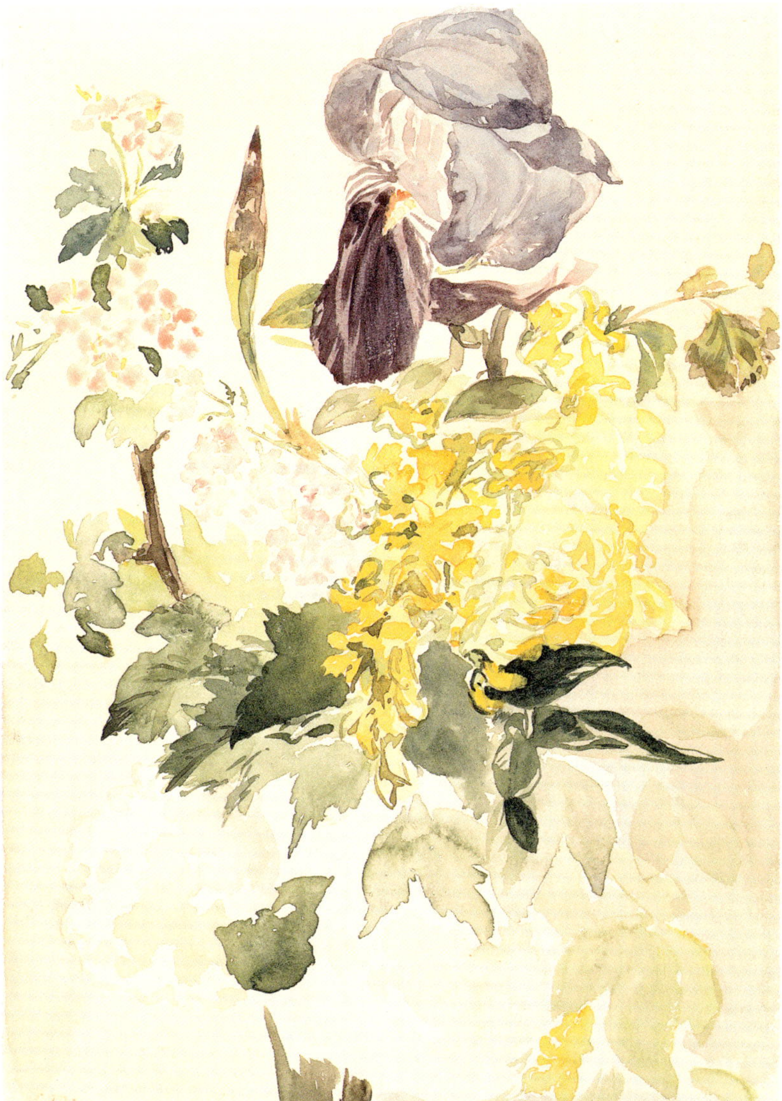

26 | Edouard Manet
Blumen, 1880
Aquarell
34,9 x 25,7 cm

Georg Trakl
Im Park
aus: *Sebastian im Traum*
1914

Wieder wandelnd im alten Park,
O! Stille gelb und roter Blumen.
Ihr auch trauert, ihr sanften Götter,
Und das herbstliche Gold der Ulme.
Reglos ragt am bläulichen Weiher
Das Rohr, verstummt am Abend die Drossel.
O! dann neige auch du die Stirne
Vor der Ahnen verfallenem Marmor.

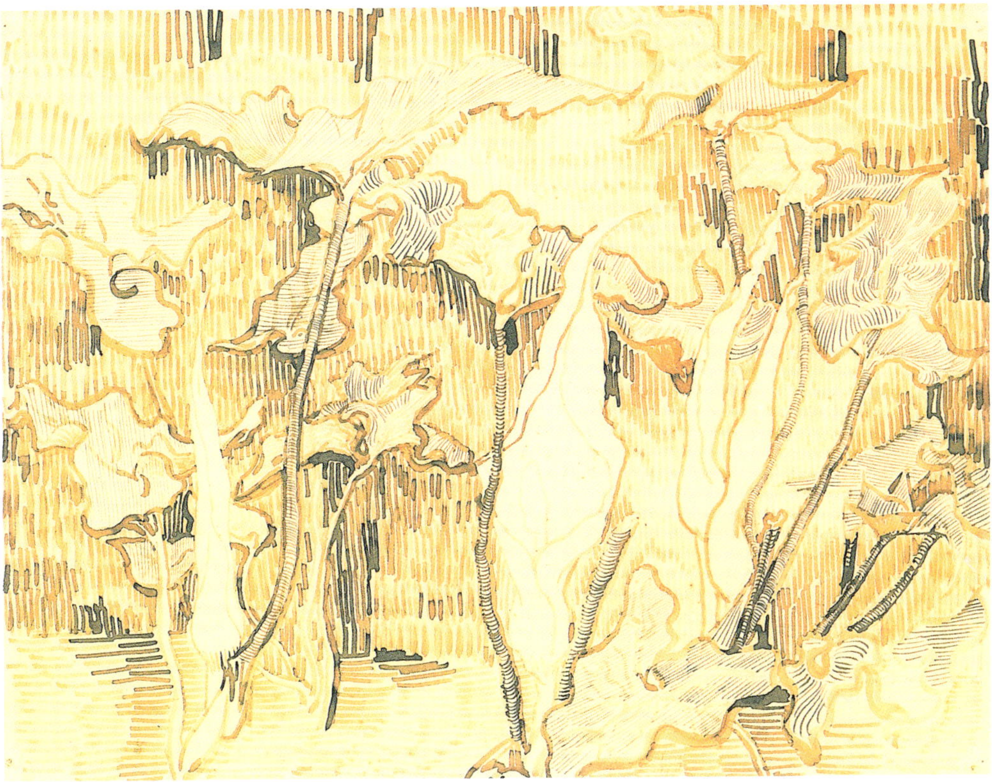

27 | Vincent van Gogh
Aronstäbe, 1889 [?]
Feder- und Rohrfederzeichnung
31 x 41 cm

Georg Trakl
In einem verlassenen Zimmer
aus: *Die schöne Stadt*
1913

Fenster, bunte Blumenbeeten,
Eine Orgel spielt herein.
Schatten tanzen an Tapeten,
Wunderlich ein toller Reihn.

Lichterloh die Büsche wehen
Und ein Schwarm von Mücken schwingt,
Fern im Acker Sensen mähen
Und ein altes Wasser singt.

Wessen Atem kommt mich kosen?
Schwalben irre Zeichen ziehn.
Leise fließt im Grenzenlosen
Dort das goldne Waldland hin.

Flammen flackern in den Beeten.
Wirr verzückt der tolle Reihn
An den gelblichen Tapeten.
Jemand schaut zur Tür herein.

Weihrauch duftet süß und Birne
Und es dämmern Glas und Truh.
Langsam beugt die heiße Stirne
Sich den weißen Sternen zu.

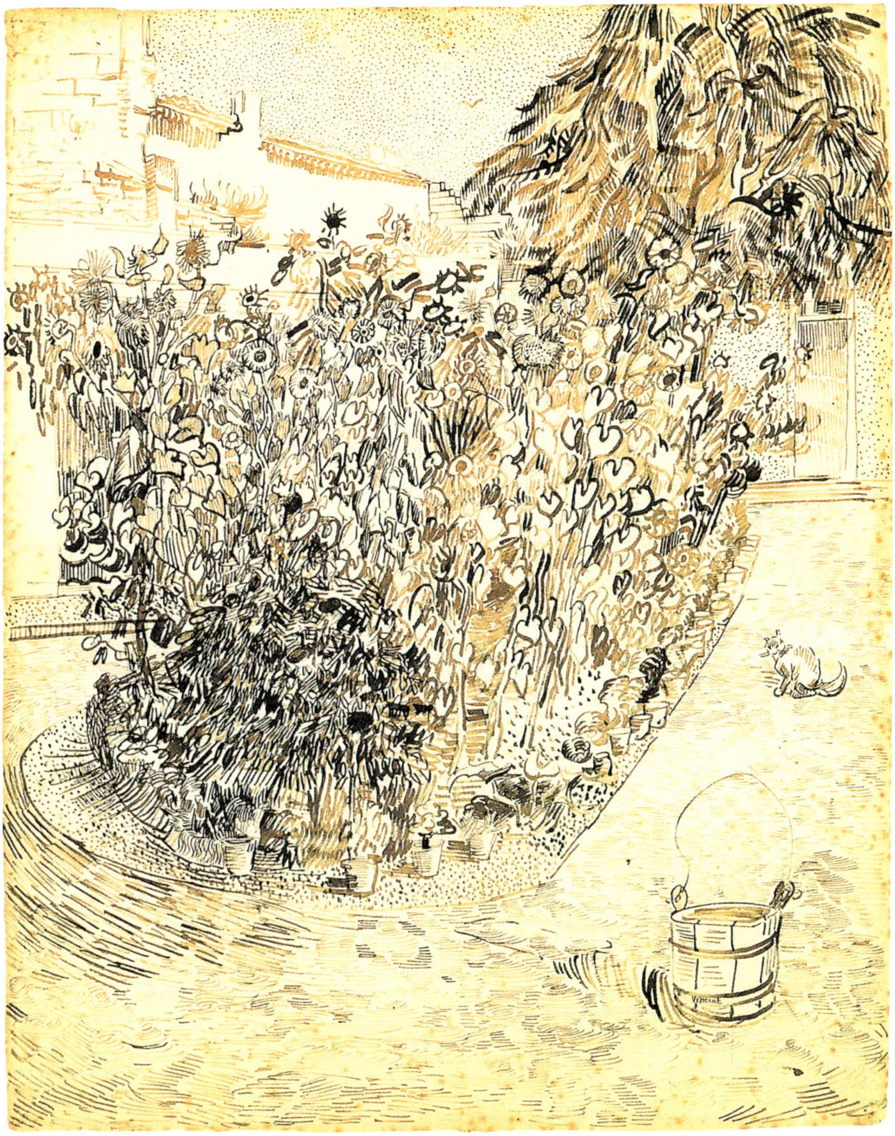

28 | Vincent van Gogh
Sonnenblumen in einer Badeanstalt, 1888
Rohrfederzeichnung
61 x 49 cm

Stefan George
aus: *Das Jahr der Seele*
1907

Den blauen raden und dem blutigen mohne
Entgeht dem lispelnden und lichten korn!
Durchwandert diese waldung sinnens ohne
Und jeden vielverschlungnen pfad von vorn ·

Verharrt nicht vor den zeichen in den birken ·
Geschwunden sei die hand die einst sie schnitt ·
Nun fühlt wie andre namen wunder wirken ·
Zu jungen frischen stämmen lenkt den schritt ·

Vergesst der schmerzen und des alten blutes
Gerissen am verfallnen dorngesträuch
Und blätter dürrer zeiten leichten mutes
Betretet sie und lasst sie hinter euch!

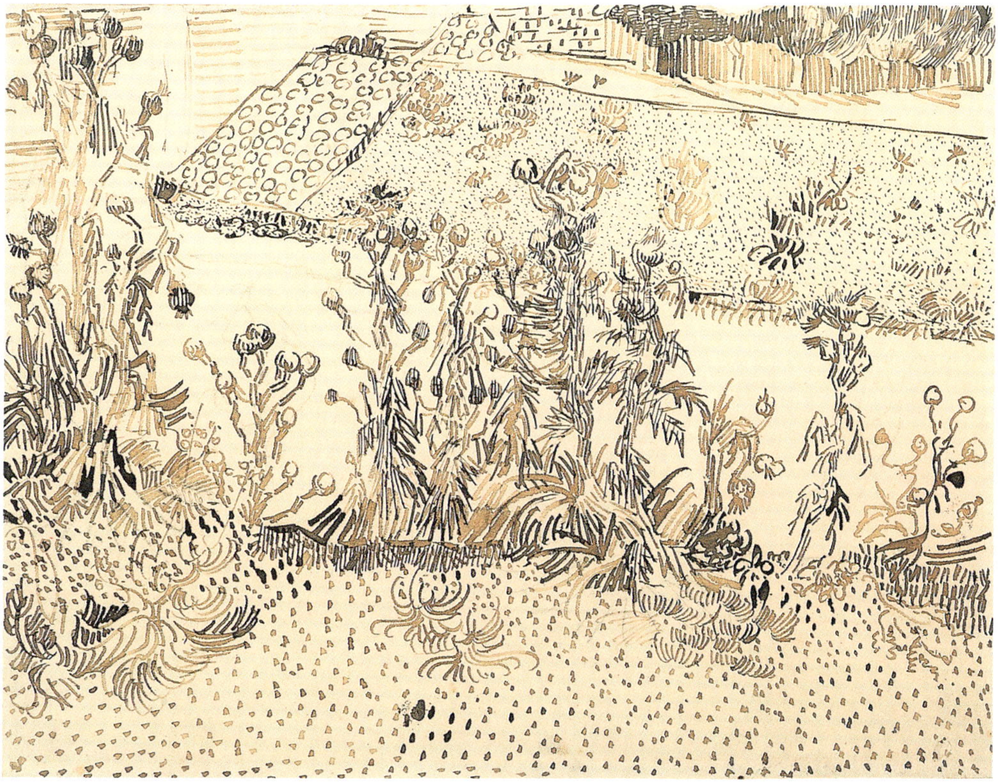

29 | Vincent van Gogh
Disteln am Wege, 1888
Bleistift- und Rohrfederzeichnung
24,5 x 32 cm

Georg Trakl
Verklärung
aus: *Sebastian im Traum*
1914

Wenn es Abend wird,
Verläßt dich leise ein blaues Antlitz.
Ein kleiner Vogel singt im Tamarindenbaum.

Ein sanfter Mönch
Faltet die erstorbenen Hände.
Ein weißer Engel sucht Marien heim.

Ein nächtiger Kranz
Von Veilchen, Korn und purpurnen Trauben
Ist das Jahr des Schauenden.

Zu deinen Füßen
Öffnen sich die Gräber der Toten,
Wenn du die Stirne in die silbernen Hände legst.

Stille wohnt
An deinem Mund der herbstliche Mond,
Trunken vom Mohnsaft dunkler Gesang;

Blaue Blume,
Die leise tönt in vergilbtem Gestein.

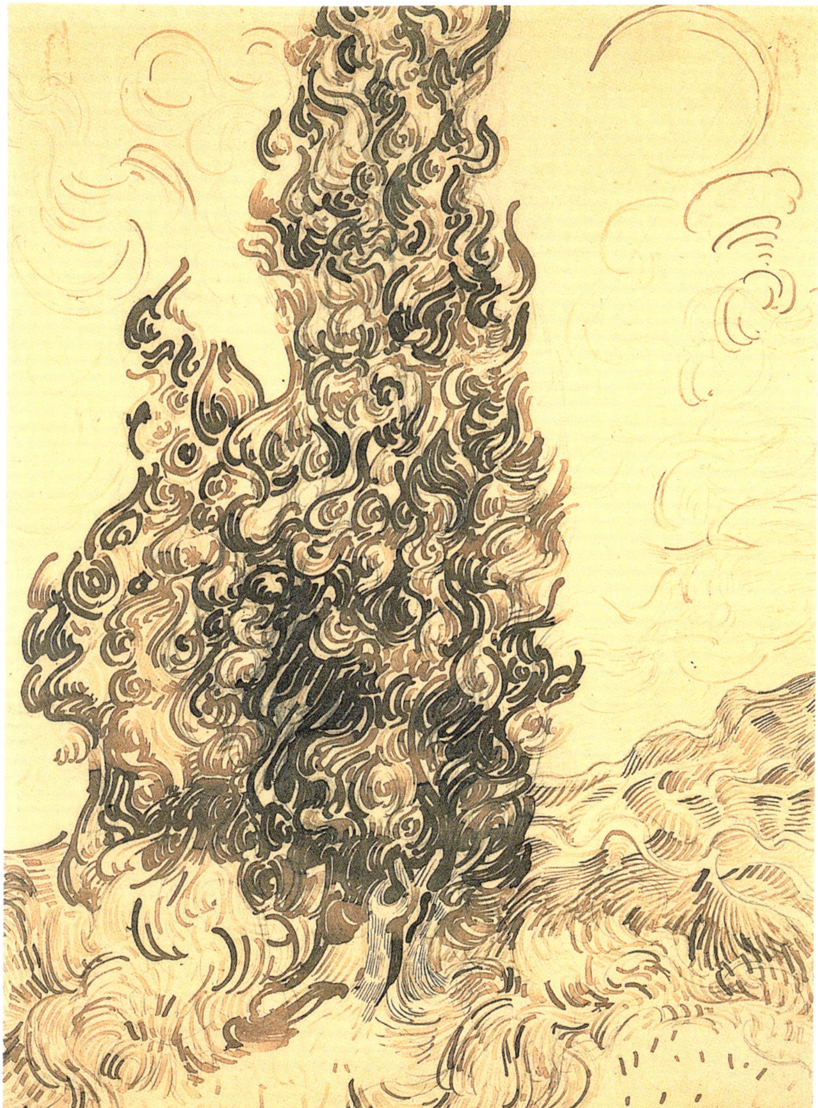

30 | Vincent van Gogh
Zypressen, 1889
Bleistift- und Federzeichnung
62,3 x 46,8 cm

III.

20. JAHRHUNDERT

Clemens Brentano

Die Lilienfräulein

1834 – 1842

Führt sternenreine Engellein
Die Braut auf guter Weide,
Durch Lieb und Leid, bis klar und rein
Der Geist im Lilienkleide
Sich scheidet von dem Dornental
Und mit uns singt beim Hochzeitsmahl:
O Stern und Blume, Geist und Kleid
Lieb, Leid und Zeit und Ewigkeit!

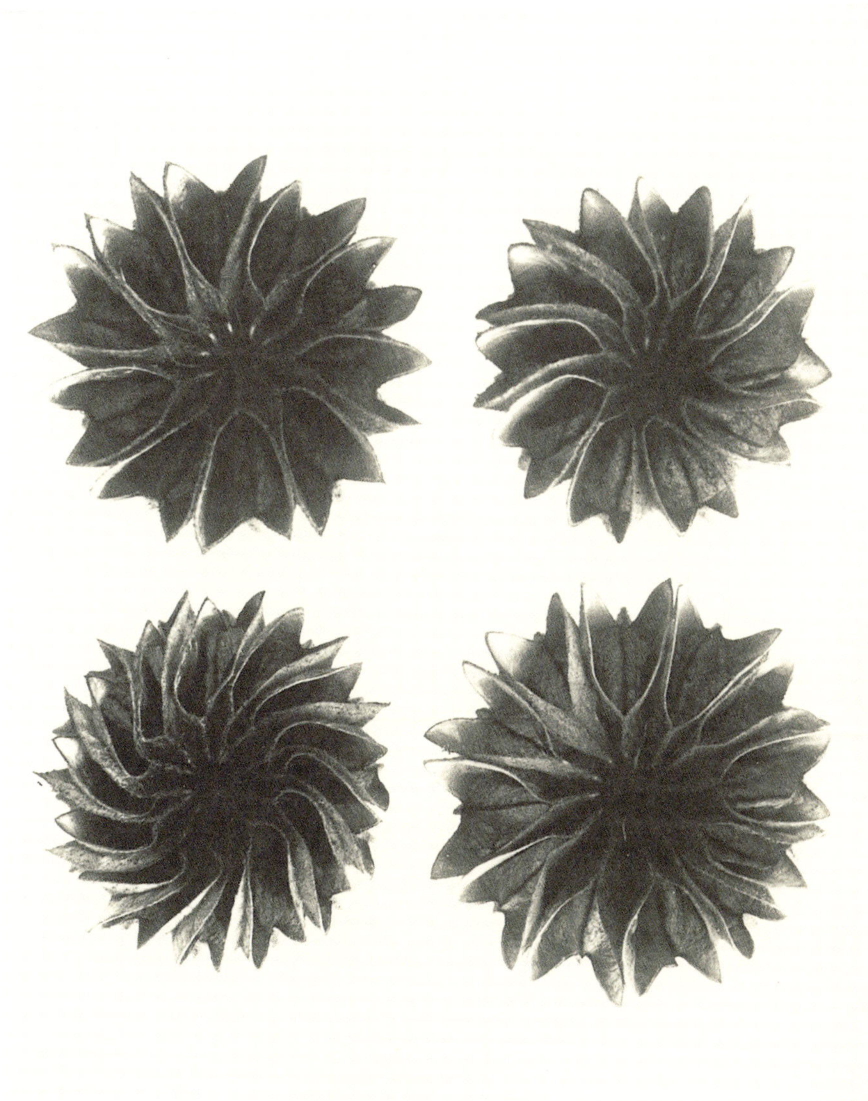

31 | Karl Blossfeldt
Lindenmalve, zwischen 1900 und 1930
Photographie
29,8 x 23,8 cm

Christian Morgenstern
Die Zirbelkiefer
aus: *Palma Kunkel*
1916

Die Zirbelkiefer sieht sich an
auf ihre Zirbeldrüse hin;
sie las in einem Buche jüngst,
die Seele säße dort darin.

Sie säße dort wie ein Insekt
voll wundersamer Lieblichkeit,
von Gottes Allmacht ausgeheckt
und außerordentlich gescheit.

Die Zirbelkiefer sieht sich an
auf ihre Zirbeldrüse hin;
sie weiß nicht, wo sie sitzen tut,
allein ihr wird ganz fromm zu
Sinn.

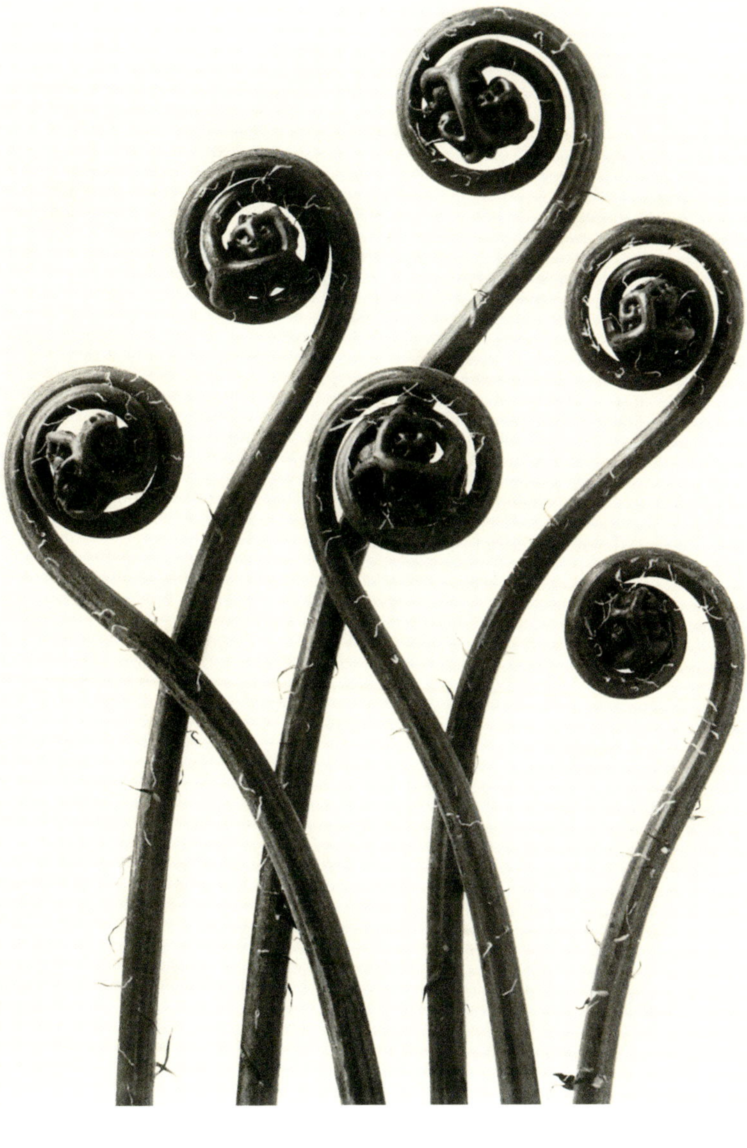

32 | Karl Blossfeldt
Haarfarn, zwischen 1900 und 1930
Photographie
29,8 x 23,8 cm

Josef Weinheber

Im Grase

1936

Glocken und Zyanen,
Thymian und Mohn.
Ach, ein fernes Ahnen
hat das Herz davon.

Und im sanften Nachen
trägt es so dahin.
Zwischen Traum und Wachen
frag ich, wo ich bin.

Seh die Schiffe ziehen,
fühl den Wellenschlag,
weiße Wolken fliehen
durch den späten Tag –

Glocken und Zyanen,
Mohn und Thymian.
Himmlisch wehn die Fahnen
über grünem Plan:

Löwenzahn und Raden,
Klee und Rosmarin.
Lenk es, Gott, in Gnaden
nach der Heimat hin.

Das ist deine Stille.
Ja, ich hör dich schon.
Salbei und Kamille,
Thymian und Mohn,

und schon halb im Schlafen
– Mohn und Thymian –
landet sacht im Hafen
nun der Nachen an.

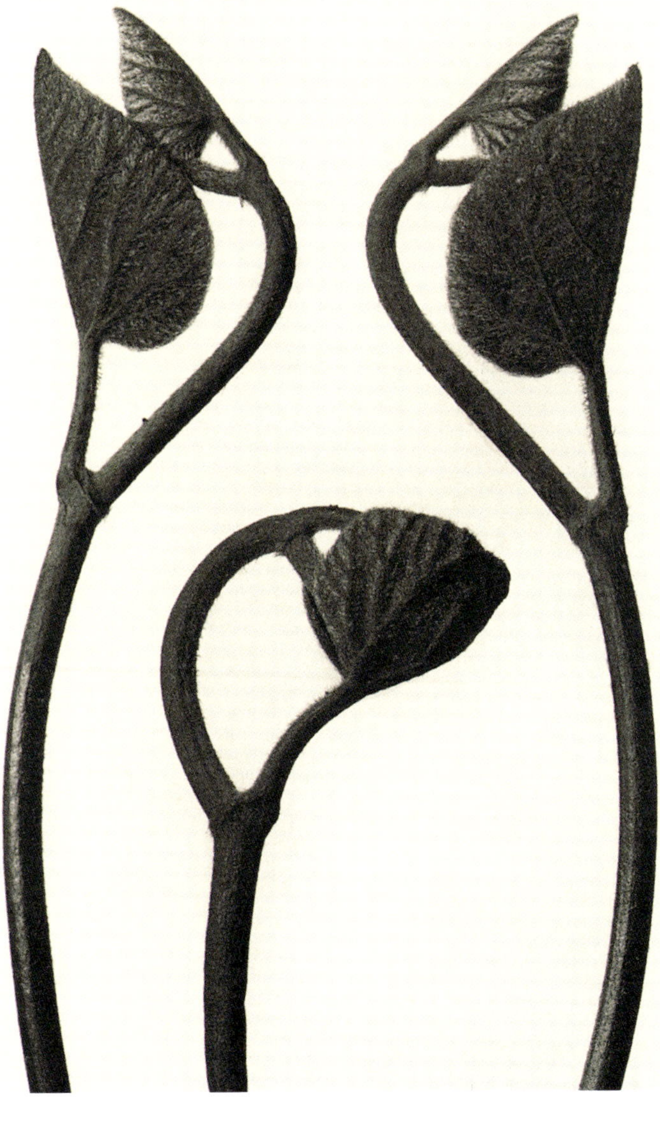

33 | Karl Blossfeldt
Osterluzei, zwischen 1900 und 1930
Photographie
29,8 x 23,8 cm

Friedrich Hölderlin
Hälfte des Lebens
1805

Mit gelben Birnen hänget
Und voll mit wilden Rosen
Das Land in den See,
Ihr holden Schwäne,
Und trunken von Küssen
Tunkt ihr das Haupt
Ins heilignüchterne Wasser.

Weh mir, wo nehm' ich, wenn
Es Winter ist, die Blumen, und wo
Den Sonnenschein
Und Schatten der Erde?
Die Mauern stehn
Sprachlos und kalt, im Winde
Klirren die Fahnen.

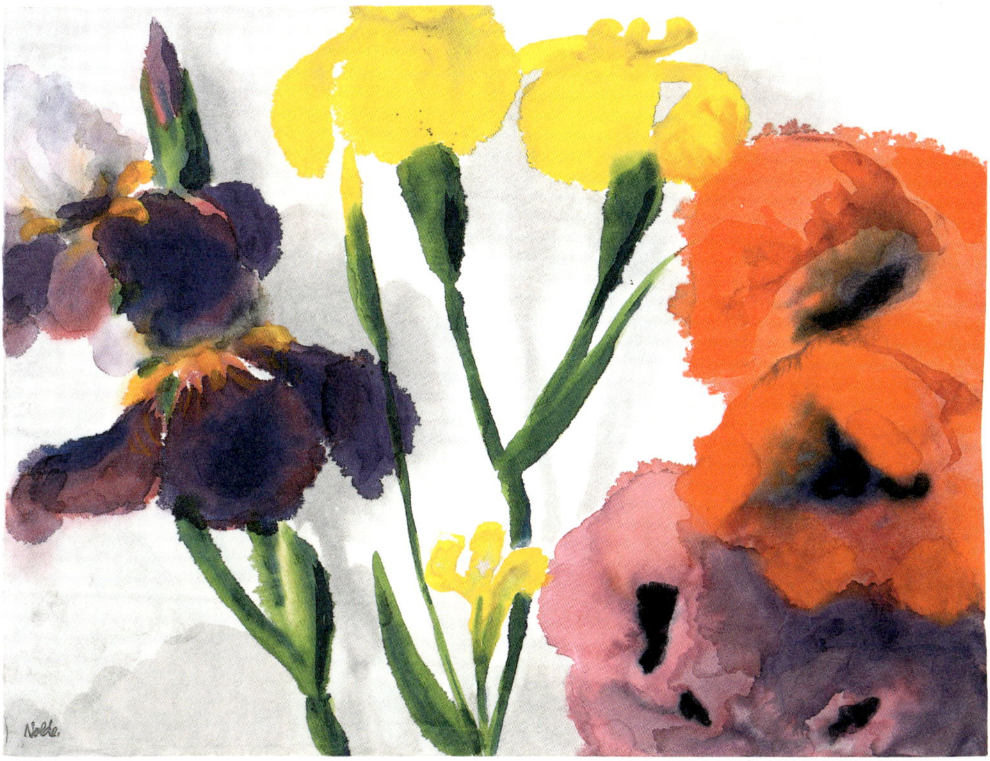

34 | Emil Nolde
Schwertlilien und Mohn, um 1907
Aquarell
35 x 47,5 cm

Clemens Brentano
aus: *Die Chronika eines fahrenden Schülers*
1818

Ich grüß vor aller Blüt die Rose,
Die an dem Abendhimmel blüht,
Ihr Herz ergießt sich dir im Schoße,
Wenn sie zur Erde niederglüht.

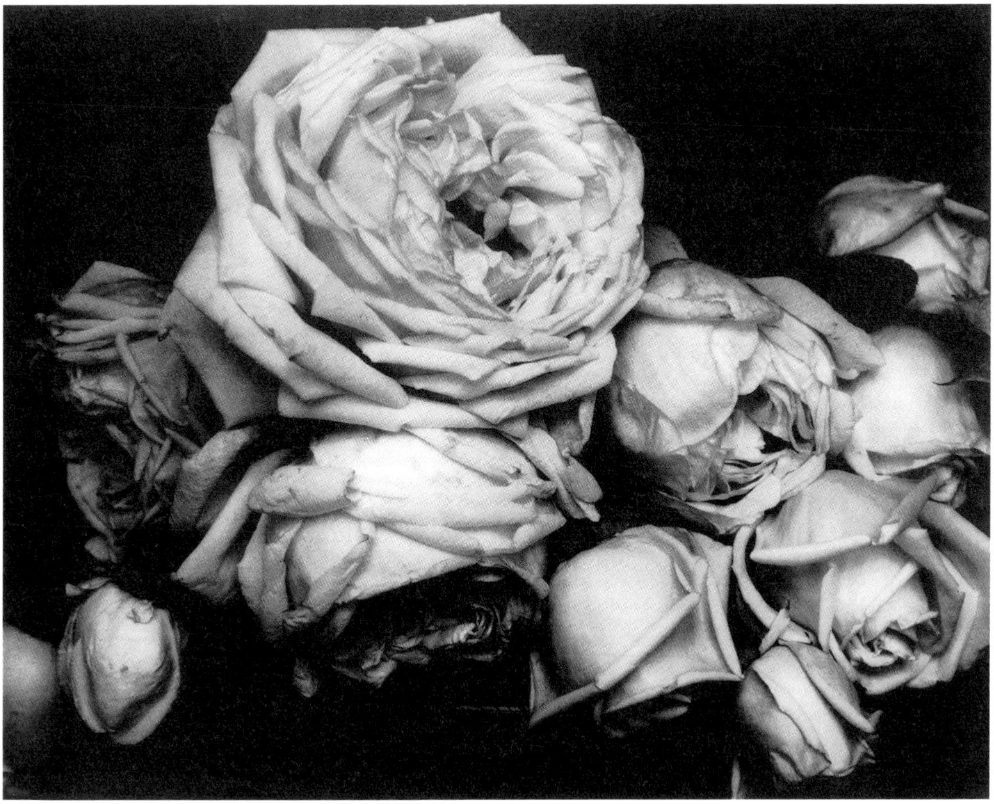

35 | Edward Steichen
Schwere Rosen, 1914
Photographie
19,7 x 24,1 cm

Conrad Ferdinand Meyer
Schwarzschattende Kastanie
1881/82

Schwarzschattende Kastanie,
Mein windgeregtes Sommerzelt,
Du senkst zur Flut dein weit Geäst,
Dein Laub, es durstet und es trinkt,
Schwarzschattende Kastanie!
Im Porte badet junge Brut
Mit Hader oder Lustgeschrei,
Und Kinder schwimmen leuchtend weiß
Im Gitter deines Blätterwerks,
Schwarzschattende Kastanie!
Und dämmern See und Ufer ein
Und rauscht vorbei das Abendboot,
So zuckt aus roter Schiffslatern
Ein Blitz und wandert auf dem Schwung
Der Flut, gebrochnen Lettern gleich,
Bis unter deinem Laub erlischt
Die rätselhafte Flammenschrift,
Schwarzschattende Kastanie!

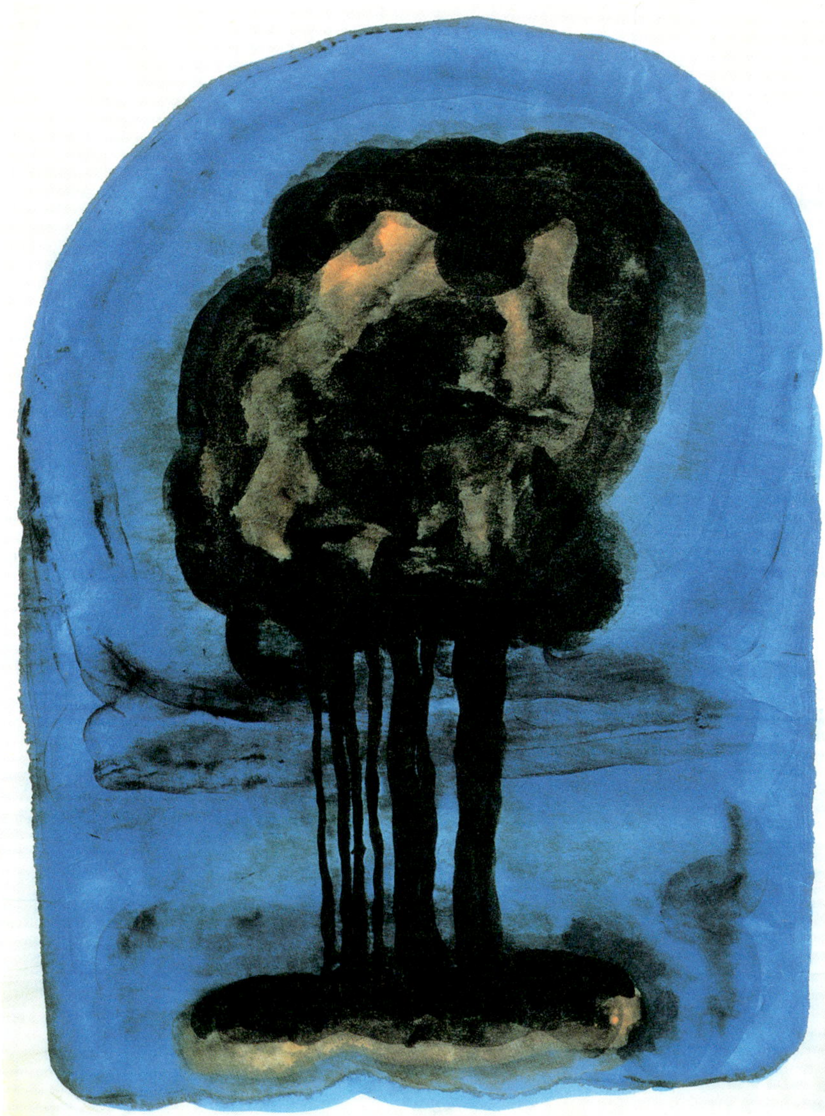

36 | Georgia O'Keeffe
Bäume, 1917
Aquarell
48,3 x 36,8 cm

Else Lasker-Schüler
Nebel
aus: *Der siebente Tag*
1905

Wir sitzen traurig Hand in Hand,
Die gelbe Sonnenrose,
Die strahlende Braut Gottes,
Leuchtet erdenabgewandt.

Und wie golden ihr Blick war,
Und unsere Augen weiten
Sich fragend wie Kinderaugen,
Weiß liegt die Sehnsucht schon auf unserem Haar.

Und zwischen den kahlen Buchen
Steigen ruhelose Dunkelheiten,
Auferstandene Nächte,
Die ihre weinenden Tage suchen.

Es schließen sich wie Rosen
Unsere Hände; du, wir wollen
Wie junge Himmel uns lieben
Im Kranz von grauen Grenzenlosen.

Ein tiefer Sommer wird schweben
Auf laubigen Flügeln zur Erde,
Und eine rauschende Süße
Strömt durch das schwermütige Leben.

Und was werden wir beide spielen....
Wir halten uns fest umschlungen
Und kugeln uns über die Erde,
Über die Erde.

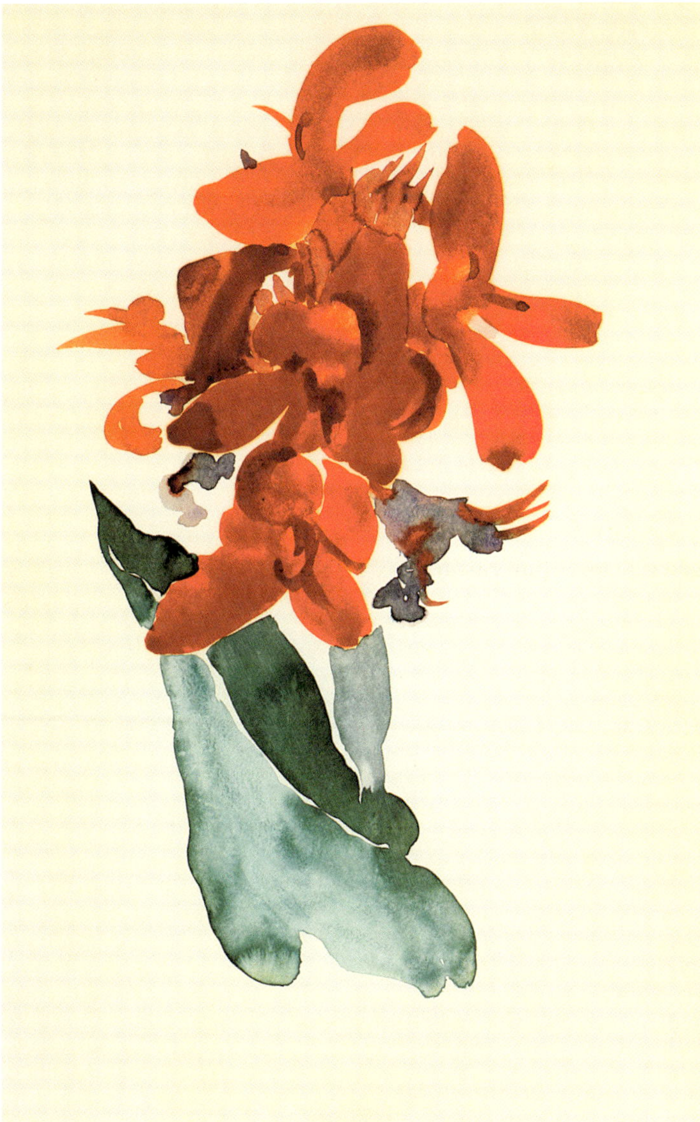

37 | Georgia O'Keeffe
Rote Cannas, 1919
Aquarell
49,2 x 33 cm

Ingeborg Bachmann
Im Gewitter der Rosen
aus: *Die gestundete Zeit*
1952

Wohin wir uns wenden im Gewitter der Rosen,
ist die Nacht von Dornen erhellt, und der Donner
des Laubs, das so leise war an den Büschen,
folgt uns jetzt auf dem Fuß.

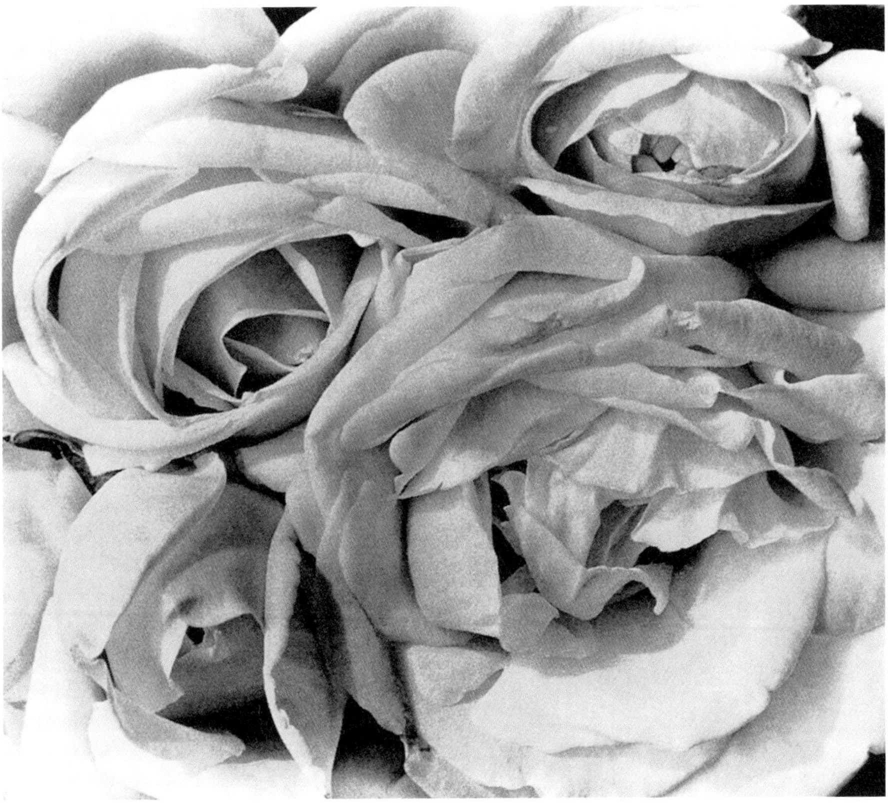

38 | Tina Modotti
Rosen, 1924
Photographie

Rainer Maria Rilke
Blaue Hortensie
aus: *Neue Gedichte*
1906

So wie das letzte Grün in Farbentiegeln
sind diese Blätter, trocken, stumpf und rauh,
hinter den Blütendolden, die ein Blau
nicht auf sich tragen, nur von ferne spiegeln.

Sie spiegeln es verweint und ungenau,
als wollten sie es wiederum verlieren,
und wie in alten blauen Briefpapieren
ist Gelb in ihnen, Violett und Grau;

Verwaschenes wie an einer Kinderschürze,
Nichtmehrgetragenes, dem nichts mehr geschieht:
wie fühlt man eines kleinen Lebens Kürze.

Doch plötzlich scheint das Blau sich zu verneuen
in einer von den Dolden, und man sieht
ein rührend Blaues sich vor Grünem freuen.

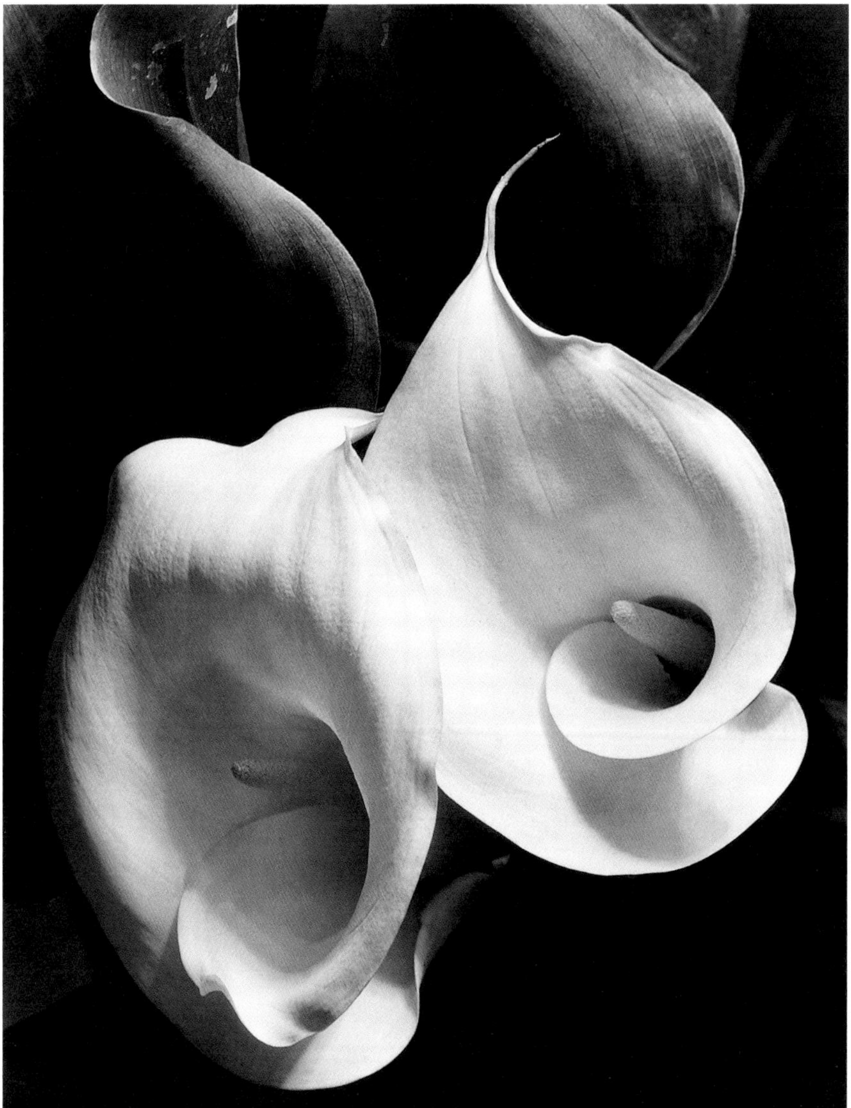

39 | Imogen Cunningham
Zwei Callas, um 1925
Photographie

Gottfried Benn

Anemone

1936

Erschütterer –: Anemone,
die Erde ist kalt, ist Nichts,
da murmelt deine Krone
ein Wort des Glaubens, des Lichts.

Der Erde ohne Güte,
der nur die Macht gerät,
ward deine leise Blüte
so schweigend hingesät.

Erschütterer –: Anemone,
du trägst den Glauben, das Licht,
den einst der Sommer als Krone
aus großen Blüten flicht.

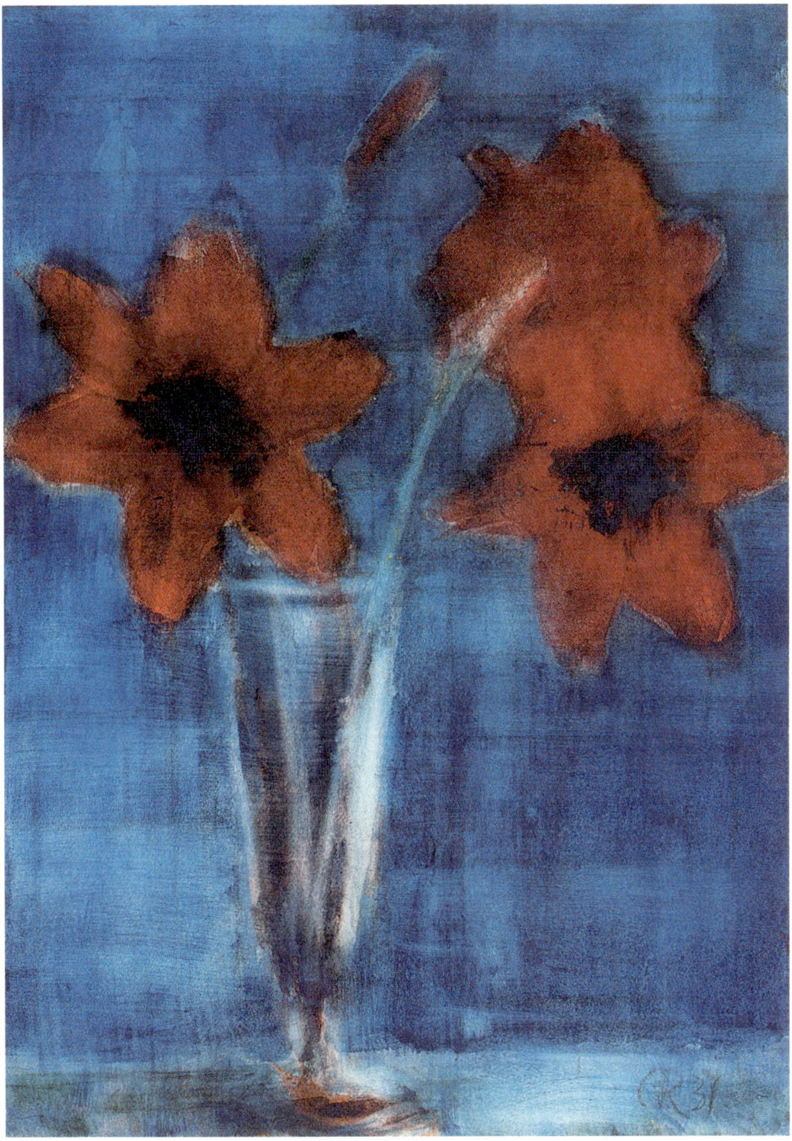

40 | Christian Rohlfs
Rote Amaryllis auf Blau, 1937
Wassertempera
78 x 57 cm

Gottfried Benn
Kleine Aster
aus: *Morgue*
1912

Ein ersoffener Bierfahrer wurde auf den Tisch gestemmt.
Irgendeiner hatte ihm eine dunkelhellila Aster
zwischen die Zähne geklemmt.
Als ich von der Brust aus
unter der Haut
mit einem langen Messer
Zunge und Gaumen herausschnitt,
muß ich sie angestoßen haben, denn sie glitt
in das nebenliegende Gehirn.
Ich packte sie ihm in die Bauchhöhle
zwischen die Holzwolle,
als man zunähte.
Trinke dich satt in deiner Vase!
Ruhe sanft,
kleine Aster!

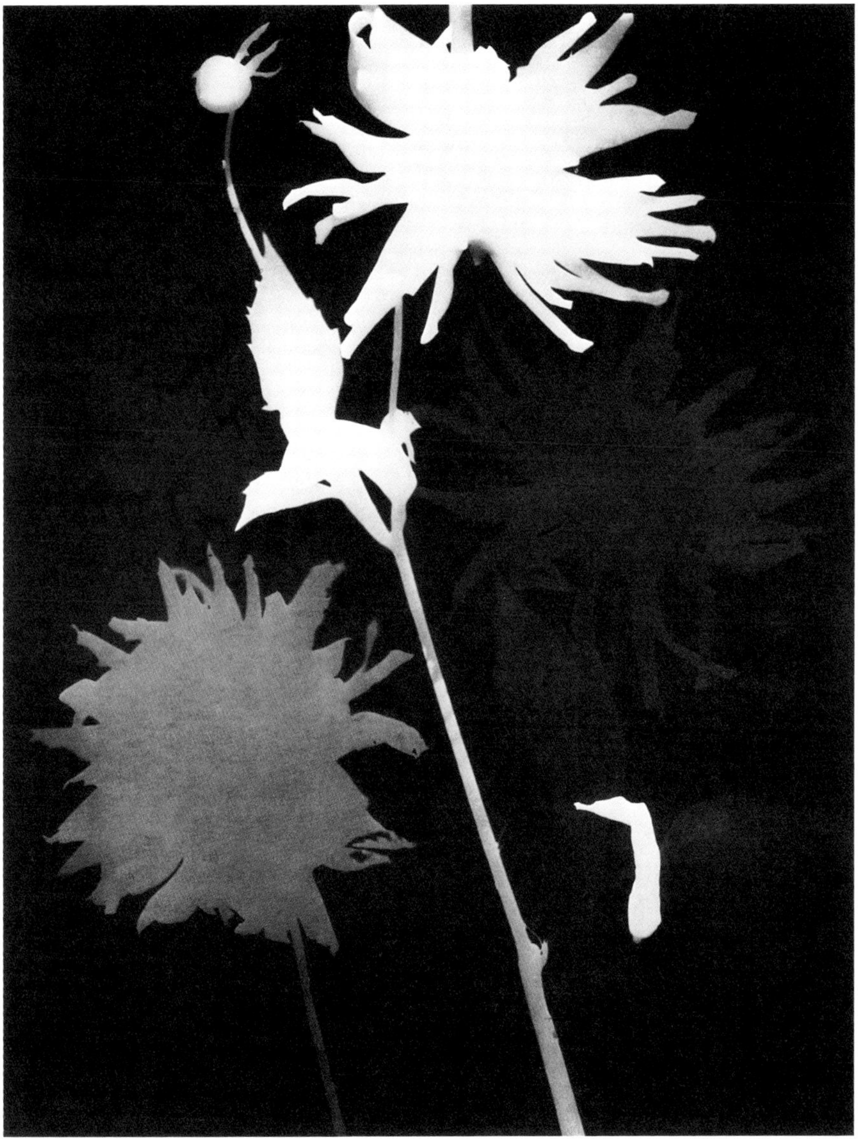

41 | Man Ray
Ohne Titel, 1925
Rayographie
30 x 40 cm

Rainer Maria Rilke
Rosa Hortensie
aus: *Der neuen Gedichte anderer Teil*
1907 oder 1908

Wer nahm das Rosa an? Wer wußte auch,
daß es sich sammelte in diesen Dolden?
Wie Dinge unter Gold, die sich entgolden,
entröten sie sich sanft, wie im Gebrauch.

Daß sie für solches Rosa nichts verlangen.
Bleibt es für sie und lächelt aus der Luft?
Sind Engel da, es zärtlich zu empfangen,
wenn es vergeht, großmütig wie ein Duft?

Oder vielleicht auch geben sie es preis,
damit es nie erführe vom Verblühn.
Doch unter diesem Rosa hat ein Grün
gehorcht, das jetzt verwelkt und alles weiß.

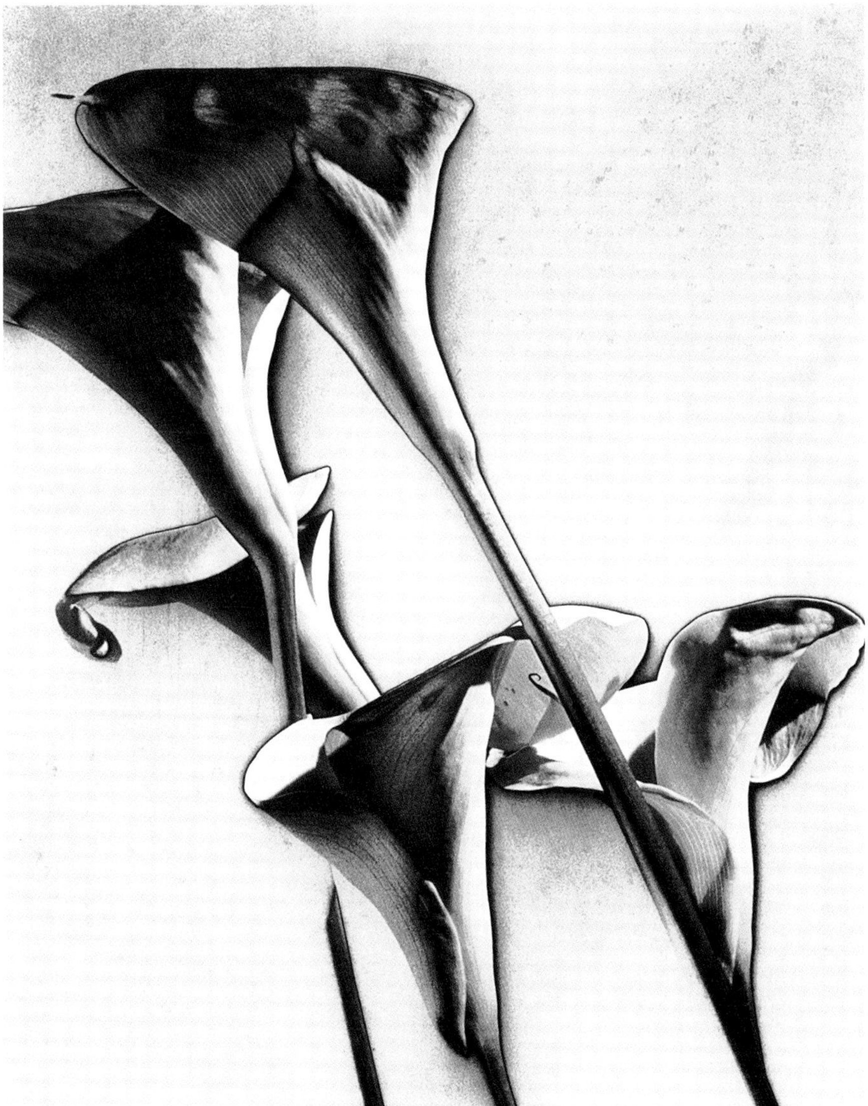

42 | Man Ray
Aronstäbe, 1930
Solarisation
29 x 22,7 cm

Else Lasker-Schüler
Ein Liebeslied
aus: *Mein blaues Klavier*
1943

Komm zu mir in der Nacht – wir schlafen engverschlungen.
Müde bin ich sehr, vom Wachen einsam.
Ein fremder Vogel hat in dunkler Frühe schon gesungen,
Als noch mein Traum mit sich und mir gerungen.

Es öffnen Blumen sich vor allen Quellen
Und färben sich mit deiner Augen Immortellen.....

Komm zu mir in der Nacht auf Siebensternenschuhen
Und Liebe eingehüllt spät in mein Zelt.
Es steigen Monde aus verstaubten Himmelstruhen.

Wir wollen wie zwei seltne Tiere liebesruhen
Im hohen Rohre hinter dieser Welt.

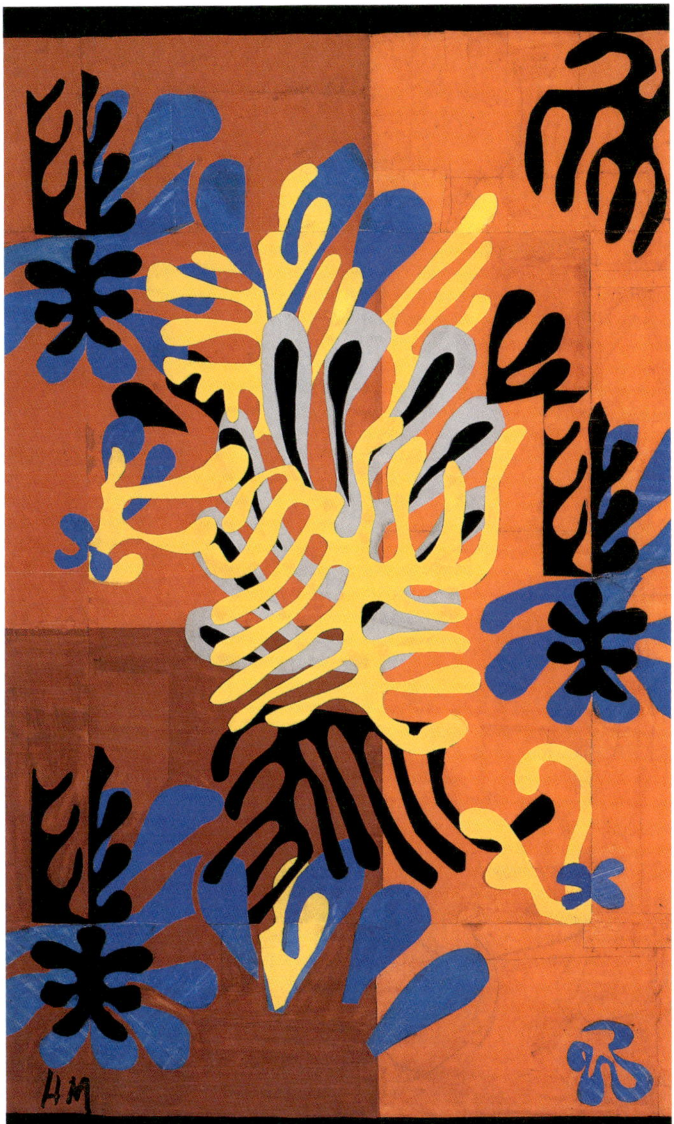

43 | Henri Matisse
Mimose, 1949
Scherenschnitt
148 x 96,5 cm

Hugo von Hofmannsthal

Vorfrühling

1892

Es läuft der Frühlingswind
Durch kahle Alleen,
Seltsame Dinge sind
In seinem Wehn.

Er hat sich gewiegt,
Wo Weinen war,
Und hat sich geschmiegt
In zerrüttetes Haar.

Er schüttelte nieder
Akazienblüten
Und kühlte die Glieder,
Die atmend glühten.

Lippen im Lachen
Hat er berührt,
Die weichen und wachen
Fluren durchspürt.

Er glitt durch die Flöte
Als schluchzender Schrei,
An dämmernder Röte
Flog er vorbei.

Er flog mit Schweigen
Durch flüsternde Zimmer
Und löschte im Neigen
Der Ampel Schimmer.

Es läuft der Frühlingswind
Durch kahle Alleen,
Seltsame Dinge sind
In seinem Wehn.

Durch die glatten
Kahlen Alleen
Treibt sein Wehn
Blasse Schatten

Und den Duft,
Den er gebracht,
Von wo er gekommen
Seit gestern Nacht.

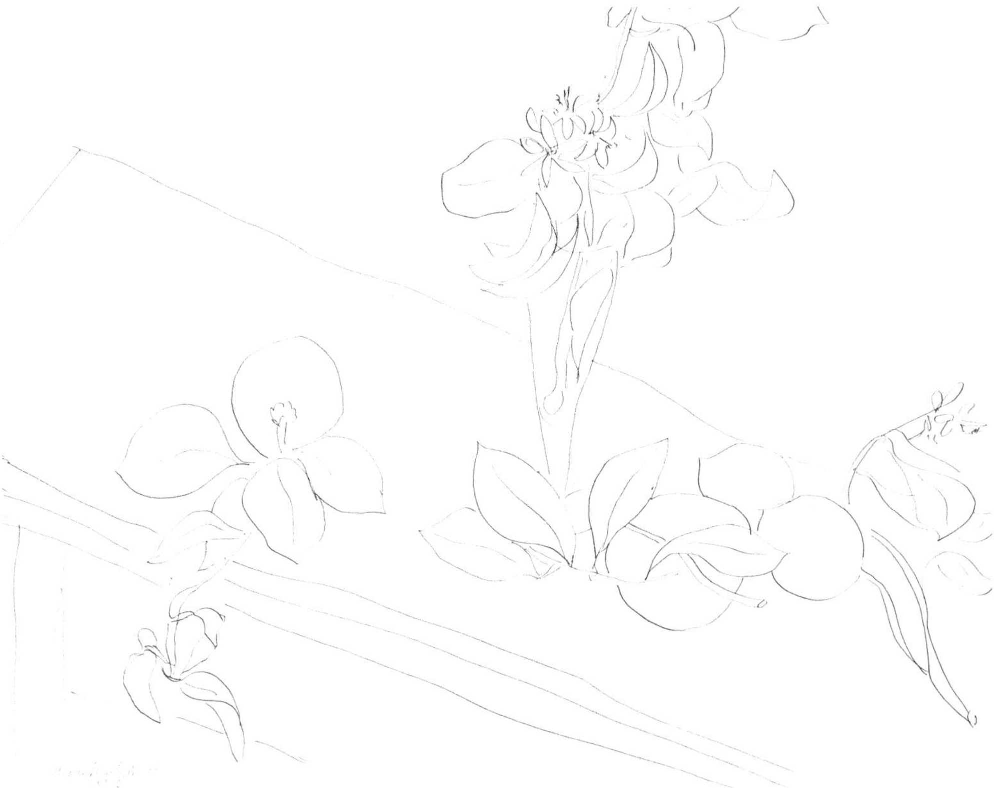

44 | Henri Matisse
Studie mit Blumen und Früchten, 1942
Federzeichnung
50 x 63 cm

Clemens Brentano

Am Sophientag

27. Mai 1803

Süßer Mai du Quell des Lebens
Bist so süßer Blumen voll
Liebe sucht auch nicht vergebens
Wem sie Kränze winden soll.

Süßer Mai, mit Blumenglocken
Läutest du das Fest mir ein
Ich bekränze ihre Locken,
Will ein frommer Gast auch sein.

Süßer Mai, zum Liebesmahle
Trägst du Blumenkelche ein
Blütensäulen stehn im Saale
Drüber wölbt sich Sonnenschein.

Süßer Mai, in deinen Kelchen
Küssen fromme Bienen sich
Aber unter allen welchen
Hast du eingefüllt für mich!

Süßer Mai! du bringest nieder
Blume, Blüte, Sonnenschein,
Daß ich wisse, wem die Lieder,
Wem das Herz, das Leben weihn.

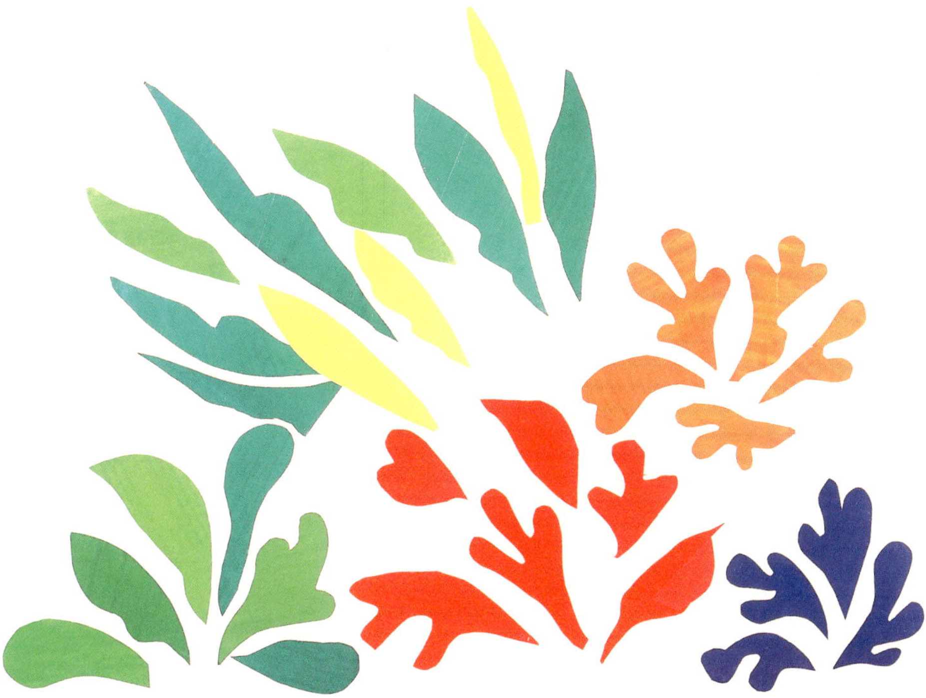

45 | Henri Matisse
Bärenklau, 1953
Scherenschnitt
311 x 350,5 cm

Börries von Münchhausen
1928

Es steht eine Blume, wo der Wind weht den Staub
blau ist ihre Blüte, aber grau ist ihr Laub.
Ich stand an dem Wege, hielt auf meine Hand,
du hast deine Augen von mir abgewandt.
Jetzt stehst du am Wege, da wehet der Wind.
Deine Augen die blauen vom Staub sind sie blind.
Da stehst du und wartest, daß ich komme daher,
Wegewarte, Wegewarte, du blühst ja nicht mehr.

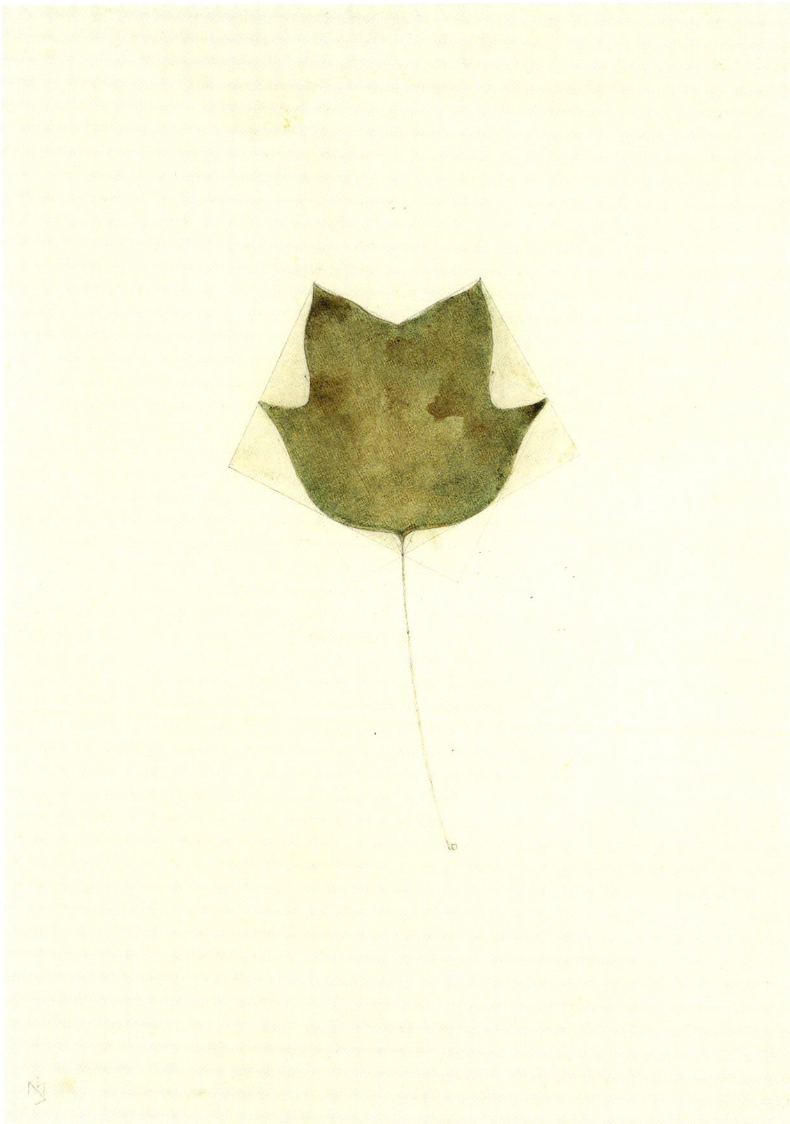

46 | Joseph Beuys
Tulipidendron lyriofolium, 1948
Aquarellierte Bleistiftzeichnung
33,8 x 25,2 cm

Paul Celan
Kenotaph
aus: *Von Schwelle zu Schwelle*
1955

Streu deine Blumen, Fremdling, streu sie getrost:
du reichst sie den Tiefen hinunter,
den Gärten.

Der hier liegen sollte, er liegt
nirgends. Doch liegt die Welt neben ihm.
Die Welt, die ihr Aug aufschlug
vor mancherlei Flor.

Er aber hielts, da er manches erblickt,
mit den Blinden:
er ging und pflückte zuviel:
er pflückte den Duft –
und die's sahn, verziehn es ihm nicht.

Nun ging er und trank einen seltsamen Tropfen:
das Meer.
Die Fische –
stießen die Fische zu ihm?

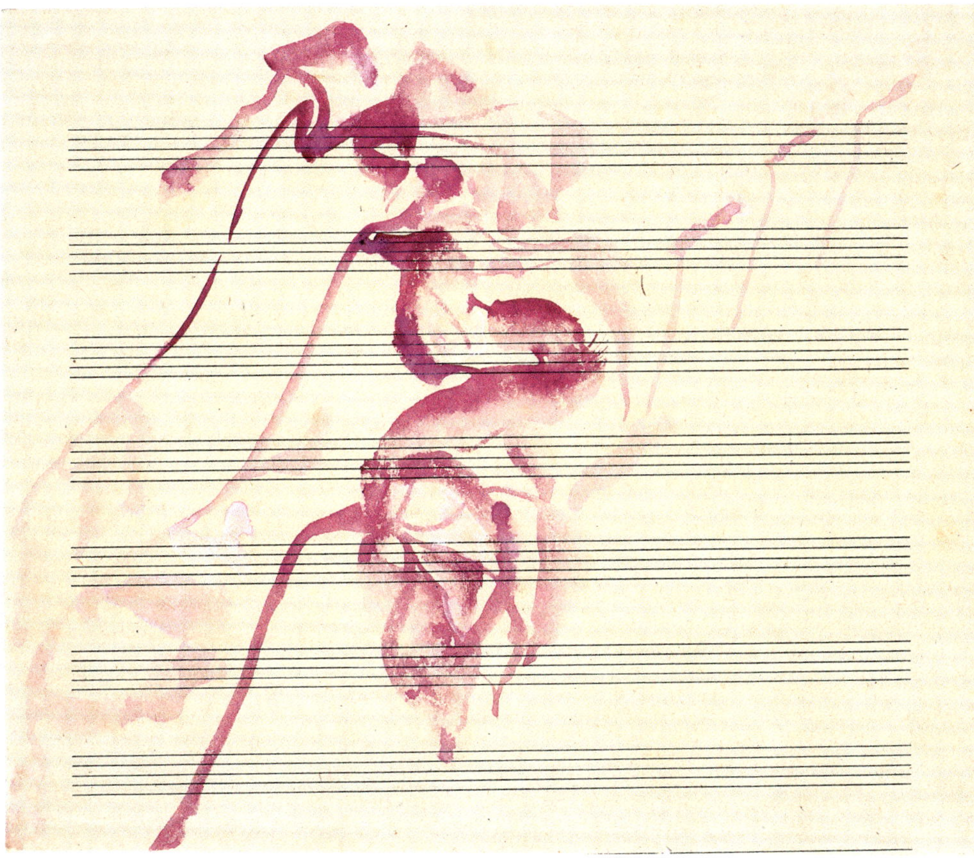

47 | Joseph Beuys
Ohne Titel, o. J. [Blumen, 1953]
Aquarell und Deckweiß
17,5 x 20,9 cm

Angelus Silesius
Die geheime Rose
aus: *Cherubinischer Wandersmann*
1675

Die Ros ist meine Seel, der Dorn des Fleisches Lust,
Der Frühling Gottes Gunst, sein Zorn ist Kält und Frost;
Ihr Blühn ist Gutes tun, den Dorn, ihr Fleisch, nicht achten,
Mit Tugenden sich ziern und nach dem Himmel trachten.
Nimmt sie die Zeit wohl wahr und blüht, weils Frühling ist,
So wird sie ewiglich für Gottes Ros erkiest.

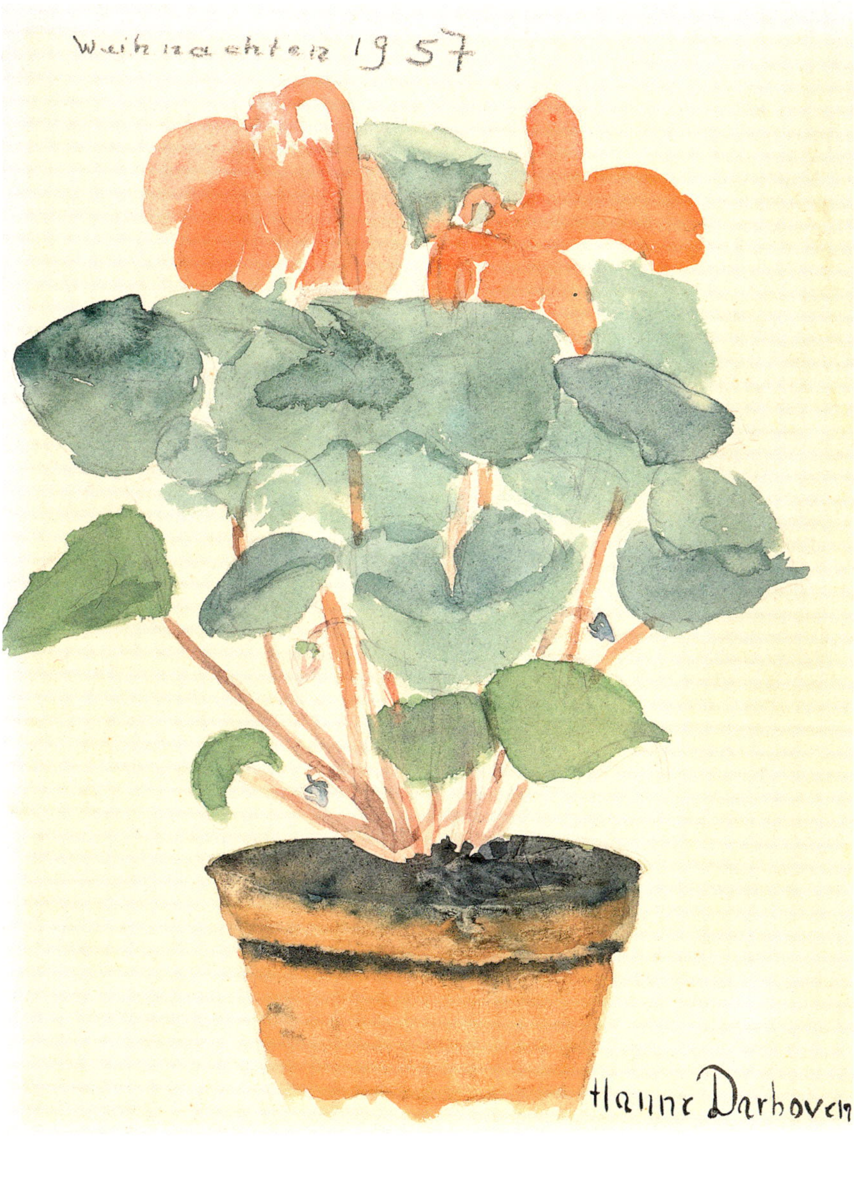

48 | Hanne Darboven
Weihnachten 1957 [Alpenveilchen]
Aquarell
29,7 x 21 cm

Gerhard Meier
Winter
aus: *Das Gras grünt*
1964

Blas in ein dürres Bukett
und träume den Wind
über Sommerfluren

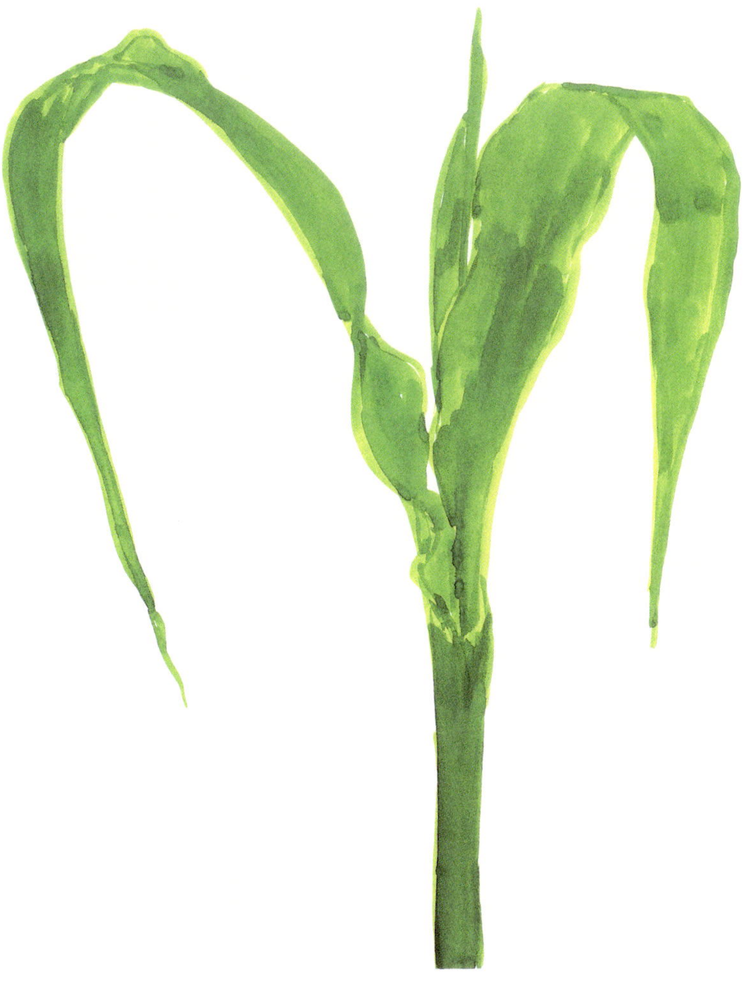

49 | Ellsworth Kelly
Maispflanze, 1959
Aquarell
72,4 x 57,2 cm

Paul Celan
Selbdritt, Selbviert
aus: *Die Niemandsrose*
1963

Krauseminze, Minze, krause,
vor dem Haus hier, vor dem Hause.

Diese Stunde, deine Stunde,
ihr Gespräch mit meinem Munde.

Mit dem Mund, mit seinem Schweigen,
mit den Worten, die sich weigern.

Mit den Weiten, mit den Engen,
mit den nahen Untergängen.

Mit mir einem, mit uns dreien,
halb gebunden, halb im Freien.

Krauseminze, Minze, krause,
vor dem Haus hier, vor dem Hause.

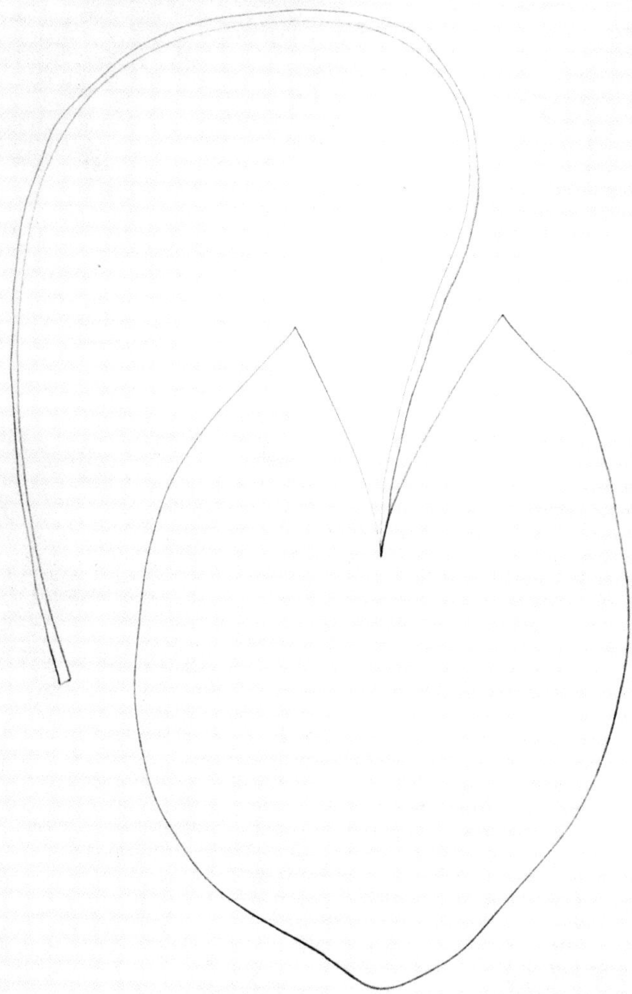

50 | Ellsworth Kelly
Seerose, 1968
Bleistiftzeichnung
73,7 x 58,4 cm

Ingeborg Bachmann
Heimweg
aus: *Anrufung des Großen Bären*
1956

Nacht aus Schlüssenblumen
und verwunschnem Klee,
feuchte mir die Füße,
daß ich leichter geh.

Der Vampir im Rücken
übt den Kinderschritt,
und ich hör ihn atmen,
wenn er kreuzweis tritt.

Folgt er mir schon lange?
Hab ich wen gekränkt?
Was mich retten könnte,
ist noch nicht verschenkt.

Wo die Halme zelten
um den Felsenspund,
bricht es aus der Quelle
altem, klarem Mund:

»Um nicht zu verderben,
bleib nicht länger aus,
hör das Schlüsselklirren,
komm ins Wiesenhaus!

Reinen Fleischs wird sterben,
wer es nicht mehr liebt,
über Rausch und Trauer
nur mehr Nachricht gibt.«

Mit der Kraft des Übels,
das mich niederschlug,
weitet seine Schwinge
der Vampir im Flug,

hebt die tausend Köpfe,
Freund- und Feindgesicht,
vom Saturn beschattet,
der den Ring zerbricht.

Ist das Mal gerissen
in die Nackenhaut,
öffnen sich die Türen
grün und ohne Laut.

Und die Wiesenschwelle
glänzt von meinem Blut.
Deck mir, Nacht, die Augen
mit dem Narrenhut.

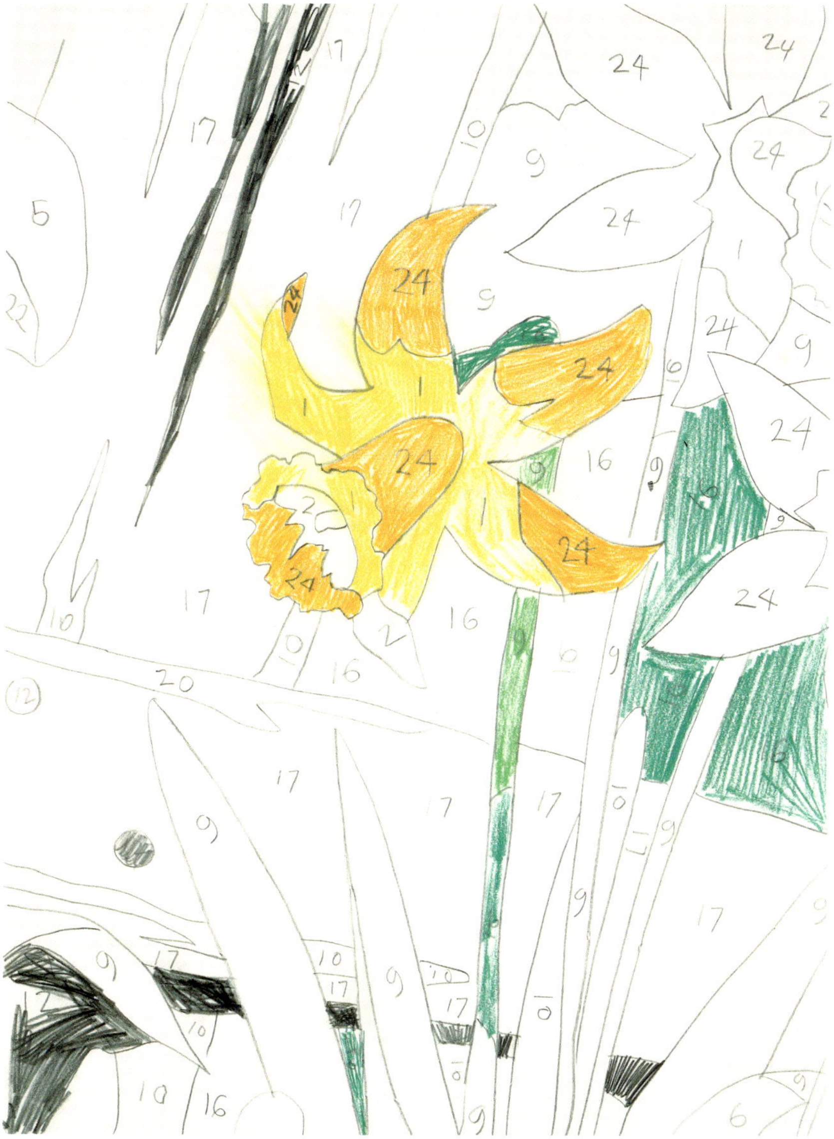

51 | Andy Warhol
Do It Yourself [Narzisse], um 1962
Farb- und Bleistiftzeichnung
60,3 x 45,7 cm

Nelly Sachs
Schmetterling
aus: *Sternverdunkelung*
1944 – 1946

Welch schönes Jenseits
ist in deinen Staub gemalt.
Durch den Flammenkern der Erde,
durch ihre steinerne Schale
wurdest du gereicht,
Abschiedswebe in der Vergänglichkeiten Maß.

Schmetterling
aller Wesen gute Nacht!
Die Gewichte von Leben und Tod
senken sich mit deinen Flügeln
auf die Rose nieder
die mit dem heimwärts reifenden Licht welkt.

Welch schönes Jenseits
ist in deinen Staub gemalt.
Welch Königszeichen
im Geheimnis der Luft.

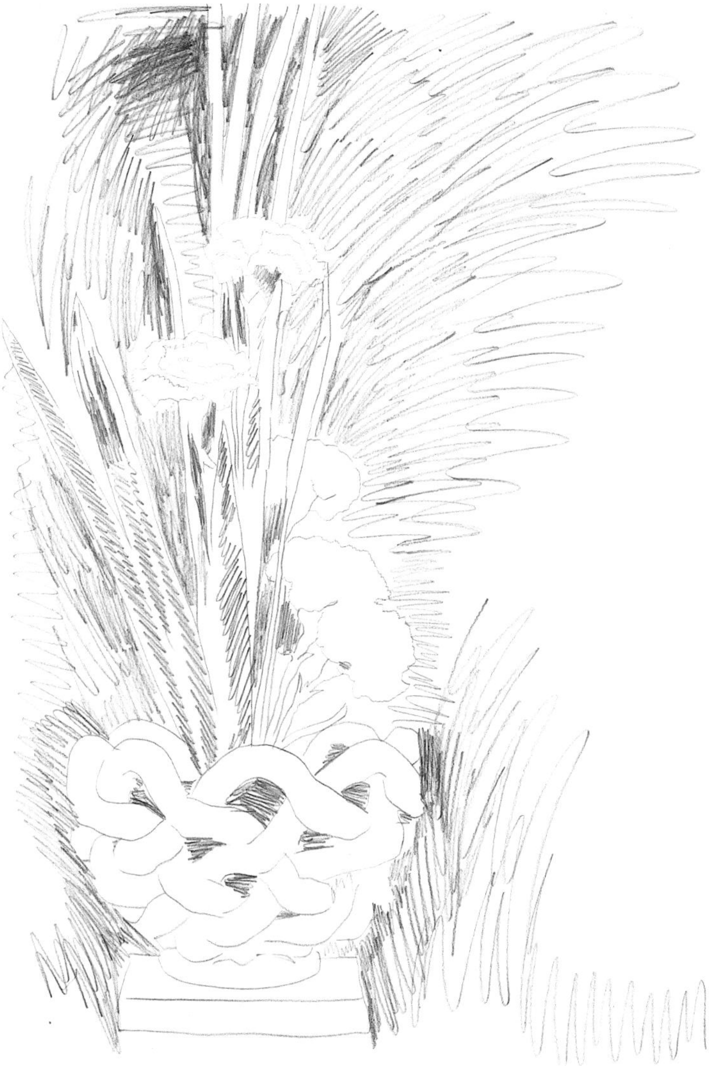

52 | Andy Warhol
Blumen, 1974
Bleistiftzeichnung
101,6 x 68,6 cm

Walter Höllerer
Pfingstrosen in einer Gärtnerei
aus: *Der andere Gast*
1942 – 1952

Volltrunken schweres Haupt und uferlos
Verschwendet in Karmin.
Prallsüßer Rausch um einen kleinen Stern.
Ein Käfer torkelt drin.

Das Licht in roten Bächen niederrinnt.
Die Augen glüht es blind.

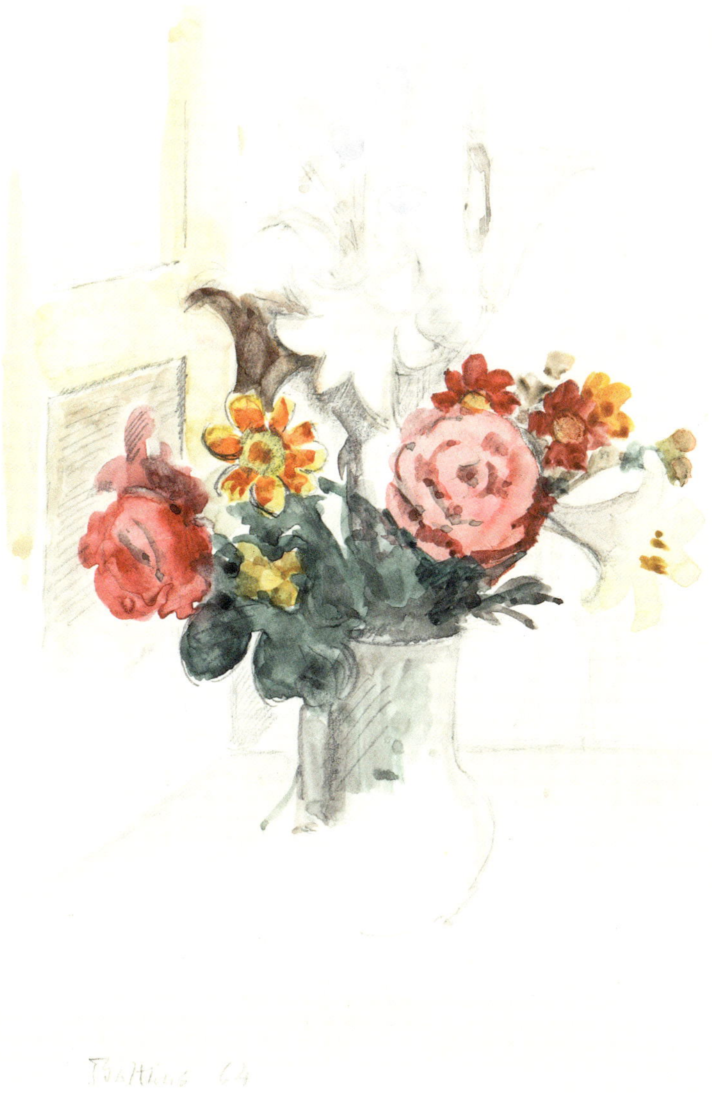

53 | Balthus
Vase mit Blumen, 1964
Aquarellierte Zeichnung
30,5 x 30,2 cm

Paul Celan
Blume
aus: *Sprachgitter*
1961

Der Stein.
Der Stein in der Luft, dem ich folgte.
Dein Aug, so blind wie der Stein.

Wir waren
Hände,
wir schöpften die Finsternis leer, wir fanden
das Wort, das den Sommer heraufkam:
Blume.

Blume – ein Blindenwort.
Dein Aug und mein Aug:
sie sorgen
für Wasser.

Wachstum.
Herzwand um Herzwand
blättert hinzu.

Ein Wort noch, wie dies, und die Hämmer
schwingen im Freien.

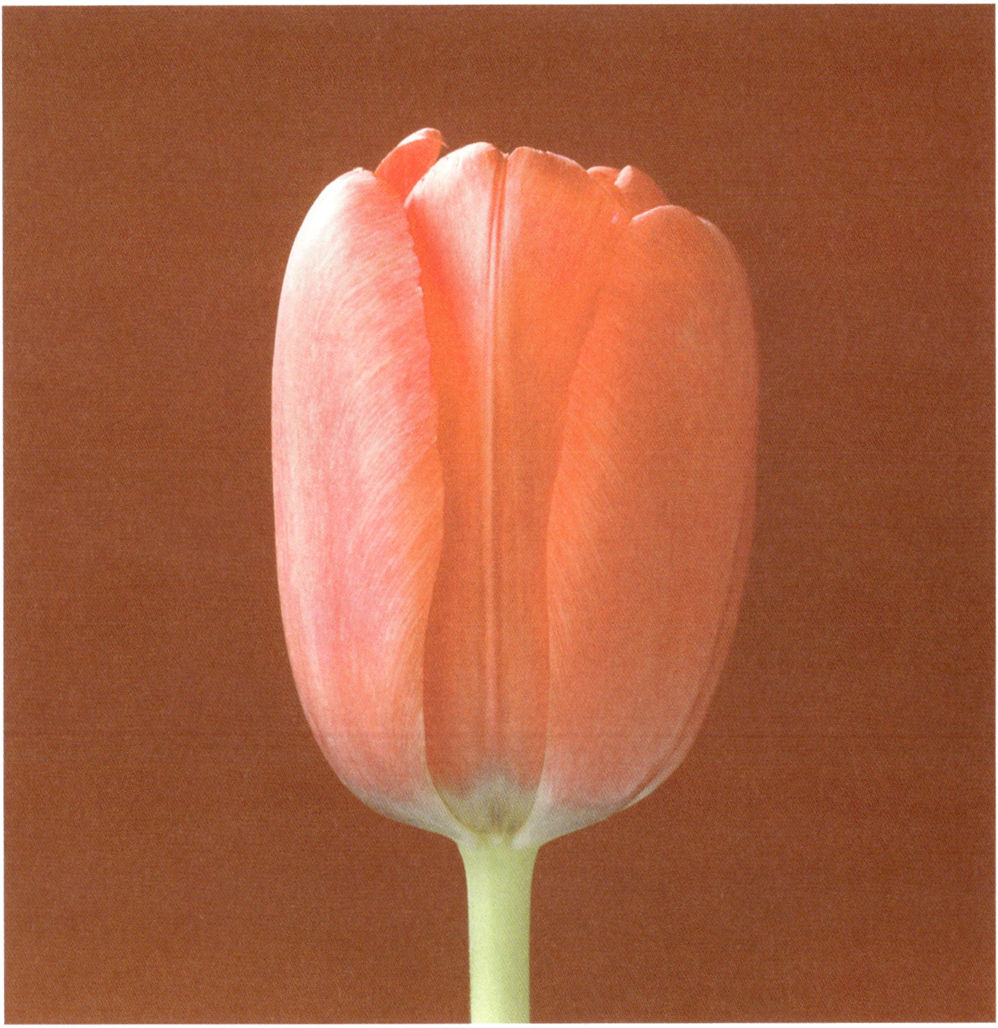

54 | Robert Mapplethorpe
Tulpe, 1988
Photographie

Bertolt Brecht
1950

Sieben Rosen hat der Strauch
Sechs gehör'n dem Wind
Aber eine bleibt, daß auch
Ich noch eine find.

Sieben Male ruf ich dich
Sechsmal bleibe fort
Doch beim siebten Mal, versprich
Komme auf ein Wort.

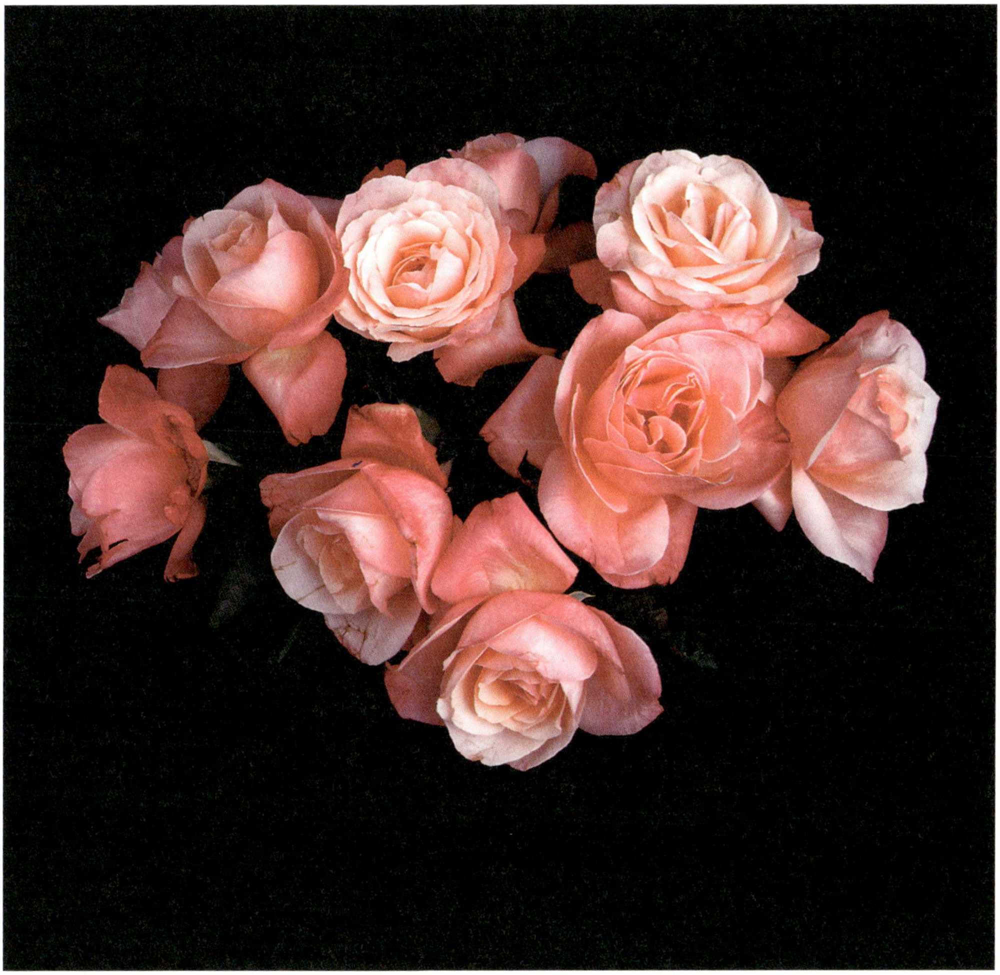

55 | Robert Mapplethorpe
Rosen, 1988
Photographie

Peter Huchel
Der Garten des Theophrast
aus: *Chausseen, Chausseen*
1963

Wenn mittags das weiße Feuer
Der Verse über den Urnen tanzt,
Gedenke, mein Sohn. Gedenke derer,
Die einst Gespräche wie Bäume gepflanzt.
Tot ist der Garten, mein Atem wird schwerer,
Bewahre die Stunde, hier ging Theophrast,
Mit Eichenlohe zu düngen den Boden,
Die wunde Rinde zu binden mit Bast.
Ein Ölbaum spaltet das mürbe Gemäuer
Und ist noch Stimme im heißen Staub.
Sie gaben Befehl, die Wurzel zu roden.
Es sinkt dein Licht, schutzloses Laub.

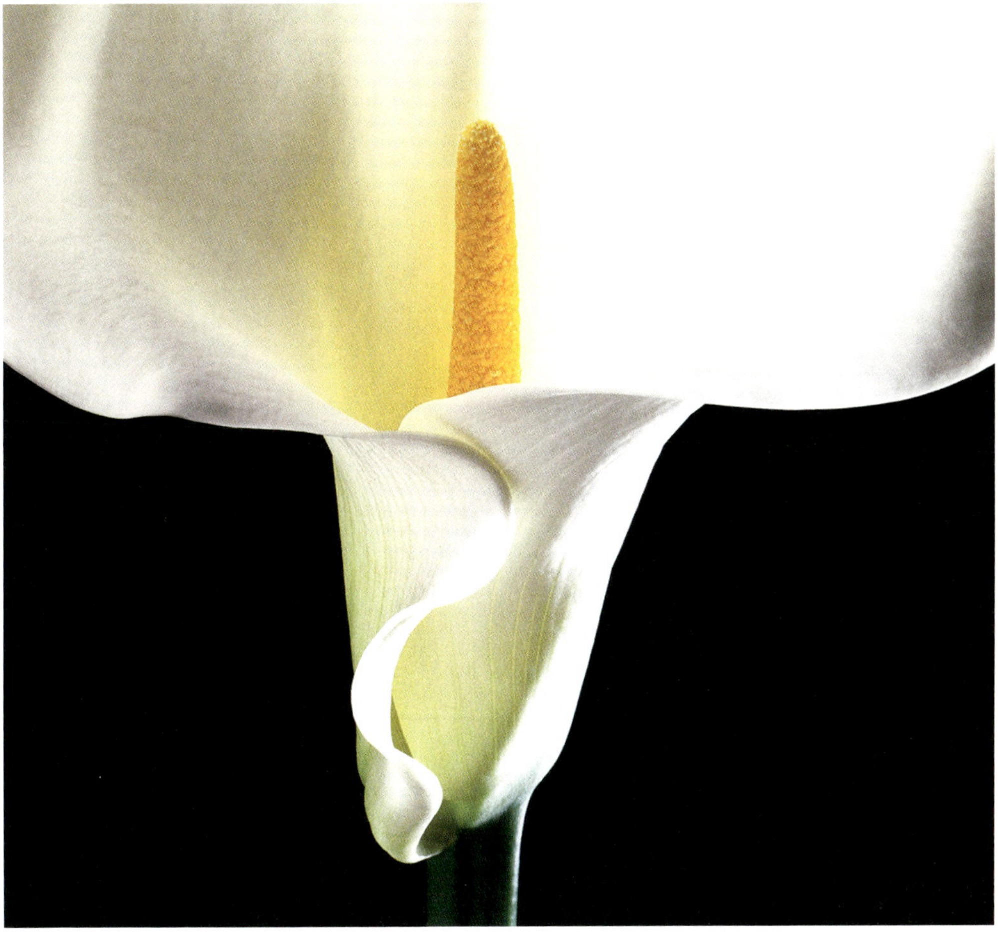

56 | Robert Mapplethorpe
Calla, 1988
Photographie

Ernst Jandl
von wundern der natur
aus: *selbstporträt des schachspielers als trinkende uhr*
1983

immer wieder
ich zerbreche
heißt das
ein mensch sein
was sonst

der blumen gunst
erreicht
kein menschlich ohr
nur aug
und manchmal
nase

der hunde gunst
gab beinah
immer-kinder
der katzen majestät
ein andres
uns

der vögel auch
in nestern wunderbar
gelbschnäbel weit
die elternvögel
nahrung bringend

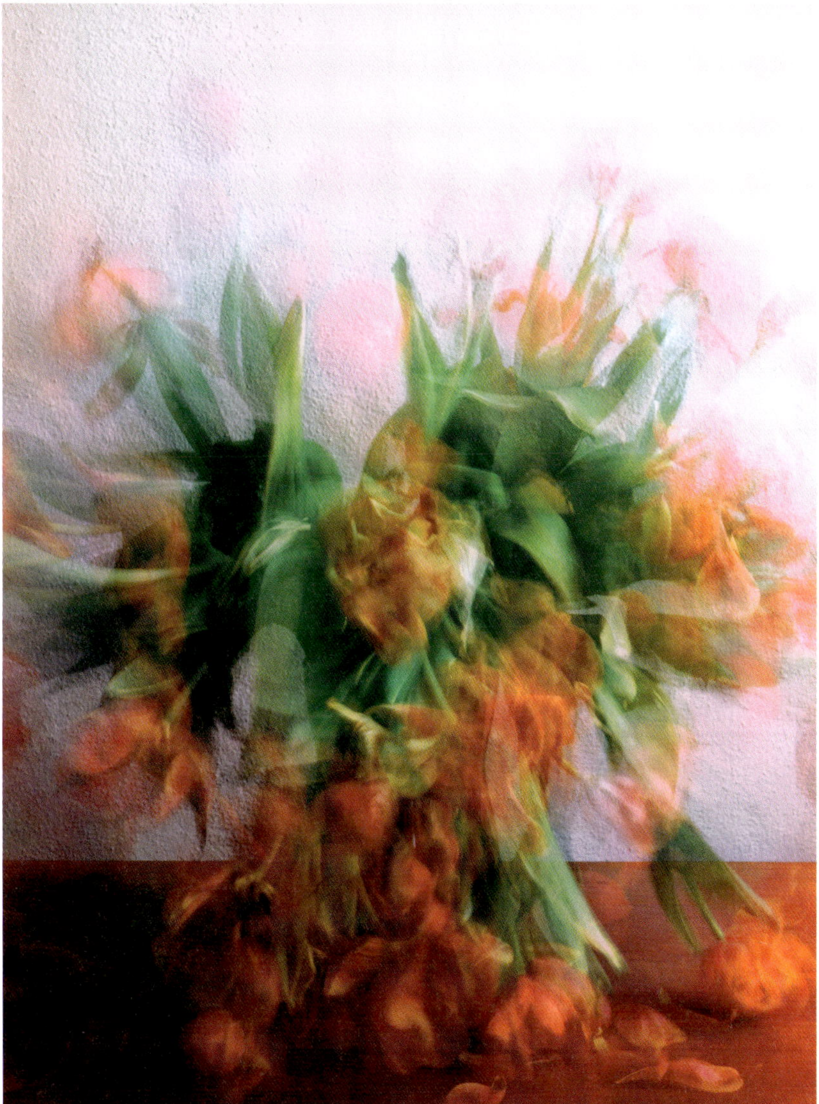

57 | Michael Wesely

17.2.–27.2.2001

Photographie

Ingeborg Bachmann
Schatten Rosen Schatten
aus: *Anrufung des Großen Bären*
1956

Unter einem fremden Himmel
Schatten Rosen
Schatten
auf einer fremden Erde
zwischen Rosen und Schatten
in einem fremden Wasser
mein Schatten

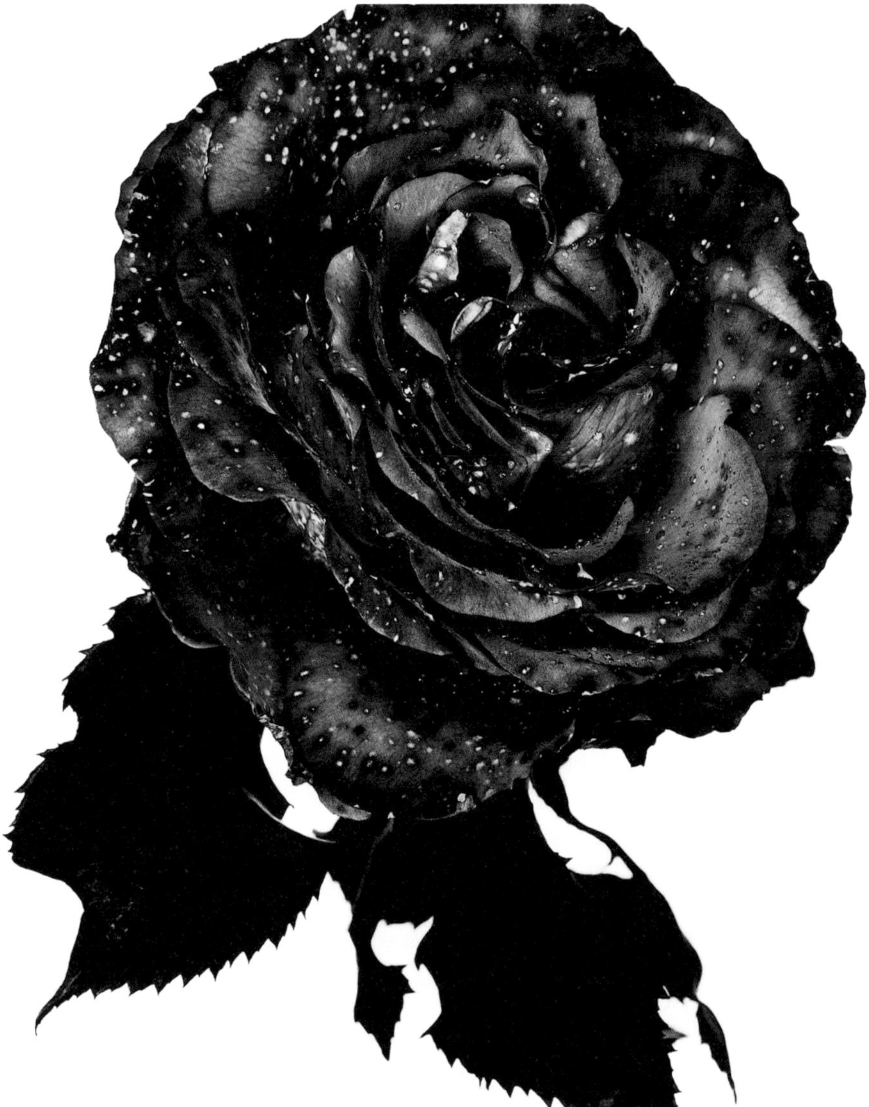

58 | Nick Knight
Diamanten, 1993
Photographie

Peter Huchel
Löwenzahn
1948

Fliegen im Juni auf weißer Bahn
flimmernde Monde vom Löwenzahn,
liegst du versunken im Wiesenschaum,
löschend der Monde flockenden Flaum.

Wenn du sie hauchend im Winde drehst,
Kugel auf Kugel sich weiß zerbläst,
Lampen, die stäubend im Sommer stehn,
wo die Dochte noch wolliger wehn.

Leise segelt das Löwenzahnlicht
über dein weißes Wiesengesicht,
segelt wie eine Wimper blaß
in das zottig wogende Gras.

Monde um Monde wehten ins Jahr,
wehten wie Schnee auf Wange und Haar.
Zeitlose Stunde, die mich verließ,
da sich der Löwenzahn weiß zerblies.

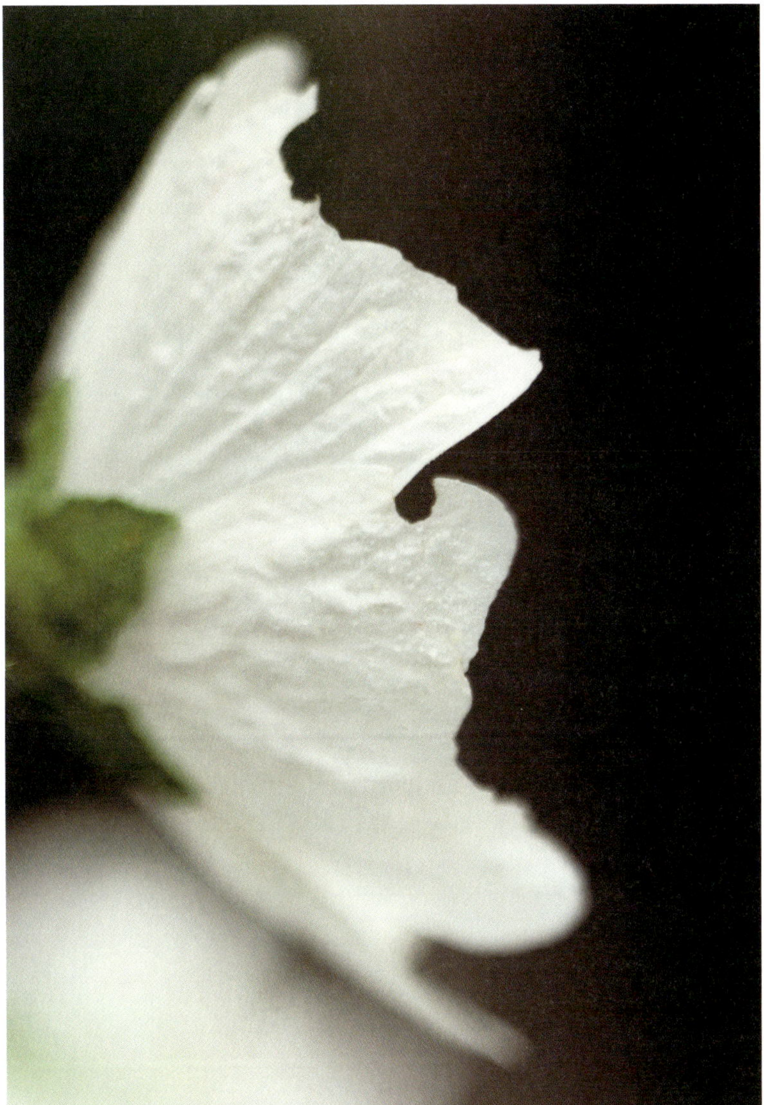

59 | Thomas Struth
Malve, ca. 1991
Photographie
ca. 58 x 40 cm

Günter Eich
Ginster
aus: *Abgelegene Gehöfte*
1948

Ein gelbes Land voll Ginsterruten,
die öden Hänge sonnenhell.
Hier kann ich einen Gott vermuten
mit Distelkranz und Ziegenfell.

Die Hügel hin im wüsten Grunde
goldüberrankt der warme Stein.
Er bläst, den Dudelsack im Munde,
die Herde in den Schlummer ein.

Es flimmert überm Vlies der Schafe
die Sommerstunde hundertfach.
Er herbergt mich im großen Schlafe,
doch meine Seele macht er wach.

Wie muß sie sich im Fluge sputen,
daß sie das wilde Land begreift,
wo an den gelben Ginsterruten
der Sonne schwarzer Same reift,

wo über den besteinten Hängen,
entflammt vom ungewohnten Licht,
in seltsam wiederholten Klängen
die Ödnis mit dem Himmel spricht.

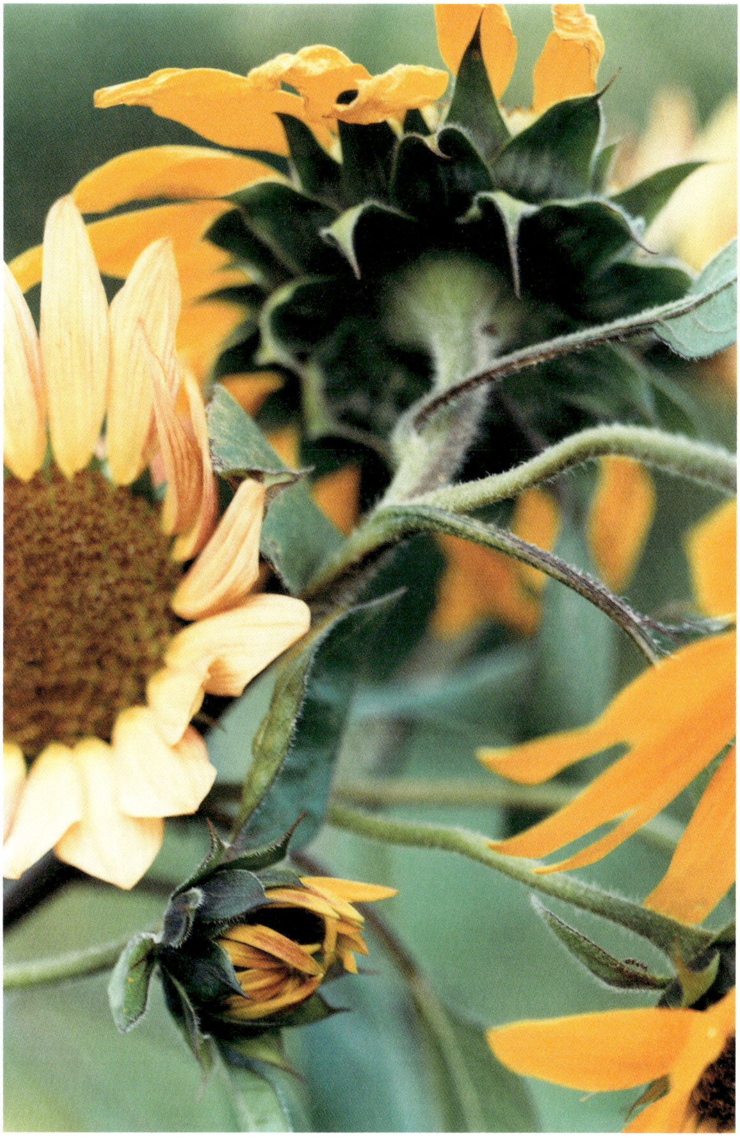

60 | Thomas Struth
Sonnenblumengruppe, ca. 1991
Photographie
ca. 58 x 40 cm

Peter Rühmkorf
Lied der Naturlyriker
aus: *Irdisches Vergnügen in g*
1959

Anmut dürftiger Gebilde:
Kraut und Rüben gleich Gedicht,
wenn die Bundes-Schäfergilde
Spargel sticht und Kränze flicht.

Abendland hat eingeladen
Suppengrün und Fieberklee –
Auf die Quendelbarrikaden:
Engagee! Engagee!

Wenn die Abendglocken läuten,
wenn der weiße Flieder blüht,
Lattich den Geworfenheiten,
Pfefferminze fürs Gemüt.

Grille neckt mich, Molch erschreckt mich,
mürber Apfel fällt so dumpf....
Welche Grund-Lemure leckt mich
nesselscharf am Perlonstrumpf?

Ach, daß erst im durchgepausten
Ahornblatt die Angst verblasse,
und der Gram der Unbehausten
sich in Bütten pressen lasse.

Daß dem bunten Hühnerhofe
das zerstäubte Nichts entfahre,
und die Stroh-, die Stroh-, die Strophe
ein verschnittnes Glück bewahre.

Heitres Spiel gezinkter Karten:
Preisgewächs aus Wachspapier –
Höchstes Heil im Schrebergarten:
Heu und heute, hiii und hier.

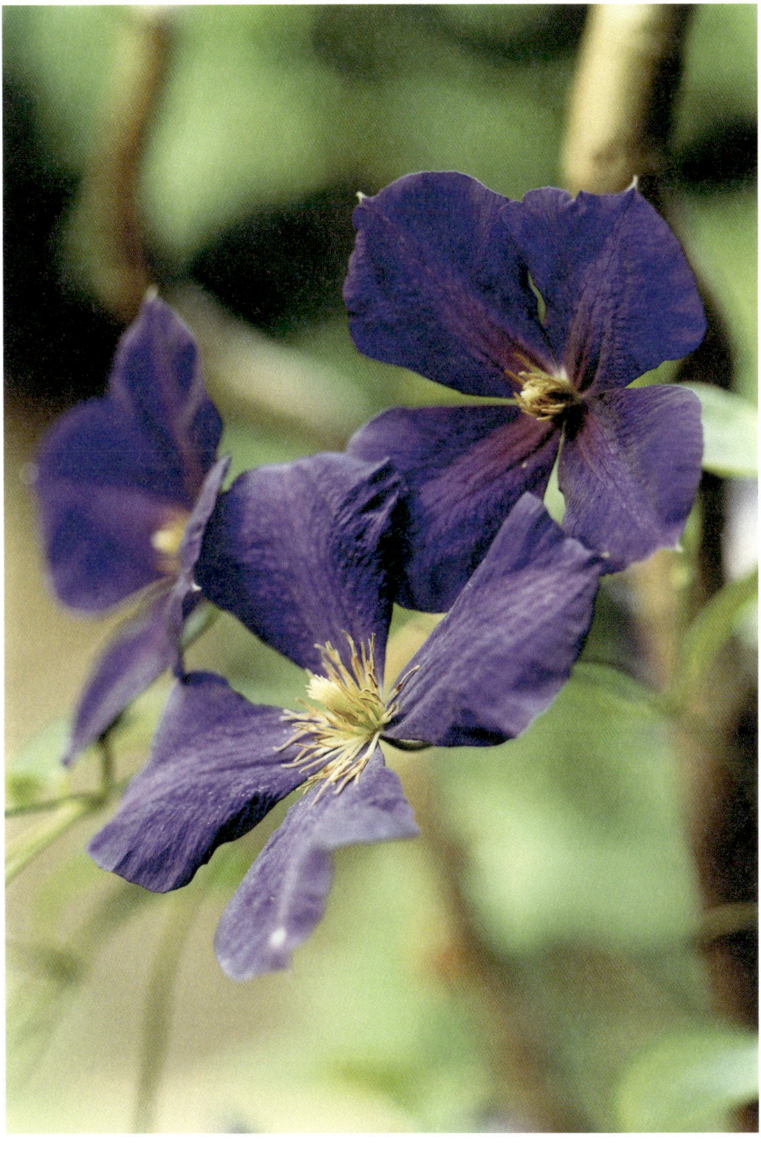

61 | Thomas Struth
Clematisblüten, ca. 1991
Photographie
ca. 58 x 40 cm

Rainer Maria Rilke
XIV. Sonett an Orpheus
15. – 17. Februar 1922

Siehe die Blumen, diese dem Irdischen treuen,
denen wir Schicksal vom Rande des Schicksals leihn, –
aber wer weiß es! Wenn sie ihr Welken bereuen,
ist es an uns, ihre Reue zu sein.

Alles will schweben. Da gehn wir umher wie Beschwerer,
legen auf alles uns selbst, vom Gewichte entzückt;
o was sind wir den Dingen für zehrende Lehrer,
weil ihnen ewige Kindheit glückt.

Nähme sie einer ins innige Schlafen und schliefe
tief mit den Dingen –: o wie käme er leicht,
anders zum anderen Tag, aus der gemeinsamen Tiefe.

Oder er bliebe vielleicht; und sie blühten und priesen
ihn, den Bekehrten, der nun den Ihrigen gleicht,
allen den stillen Geschwistern im Winde der Wiesen.

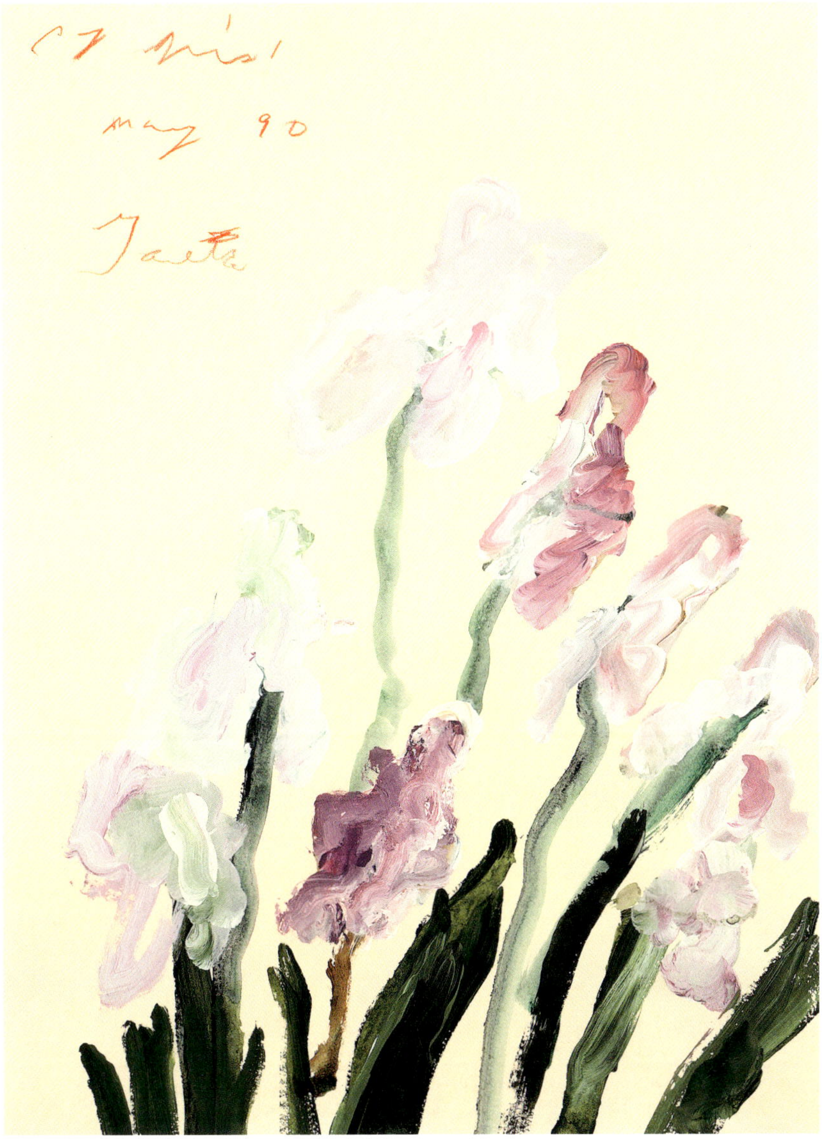

62 | Cy Twombly
Iris, 1990
Acryl- und Buntstiftzeichnung
ca. 75 x 57 cm

Günter Eich
Pfaffenhut
aus: *Abgelegene Gehöfte*
1948

Oktober tötet.
Oh Blumenblut!
Den Waldsaum rötet
der Pfaffenhut.

Es reißen die Pfeile
des Sonnenlichts
Blumen wie Stunden
ins blaue Nichts.

Der Mond, das Messer,
von Tränen geätzt,
am Stein der Leiden
zur Schärfe gewetzt,

so noch Tage
zielt er auf mich.
Die wuchernde Schrift
der Ranken erblich.

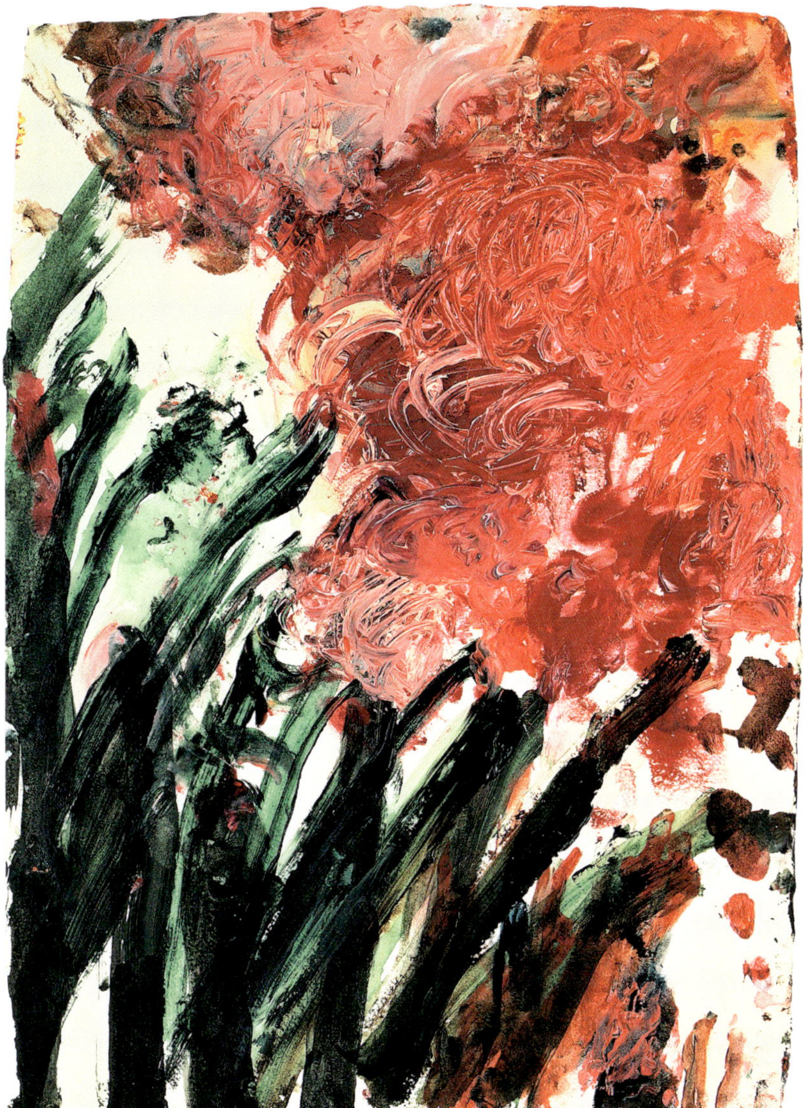

63 | Cy Twombly
Ohne Titel, 1990
Acrylzeichnung
ca. 75 x 57 cm

Kurt Schwitters
An Anna Blume
1919

O, du Geliebte meiner siebenundzwanzig
Sinne, ich liebe dir! – Du deiner dich dir,
ich dir, du mir. – Wir?
Das gehört (beiläufig) nicht hierher.
Wer bist du, ungezähltes Frauenzimmer? Du
bist – bist du? – Die Leute sagen, du
wärest – laß sie sagen, sie sie wissen nicht,
wie der Kirchturm steht.
Du trägst den Hut auf deinen Füßen und
wanderst auf die Hände, auf den Händen
wanderst du.
Hallo deine roten Kleider, in weiße Falten
zersägt. Rot liebe ich Anna Blume, rot liebe
ich dir! – Du deiner dich dir, ich dir, du
mir. – Wir?
Das gehört (beiläufig) in die kalte Glut.
Rote Blume, rote Anna Blume, wie sagen die
Leute?
Preisfrage: 1. Anna Blume hat ein Vogel.
2. Anna Blume ist rot.
3. Welche Farbe hat der Vogel?
Blau ist die Farbe deines gelben Haares.
Rot ist das Girren deines grünen Vogels.
Du schlichtes Mädchen im Alltagskleid, du
liebes grünes Tier, ich liebe dir? – Du
deiner dich dir, ich dir, du mir. – Wir?
Das gehört (beiläufig) in die Glutenkiste.
Anna Blume! Anna, a-n-n-a ich träufle
deinen Namen. Dein Name tropft wie wei-
ches Rindertalg.
Weißt du es Anna, weißt du es schon?
Man kann dich auch von hinten lesen, und
du, du Herrlichste von allen, du bist von hin-
ten wie von vorne: „a-n-n-a“.
Rindertalg träufelt streicheln über meinen
Rücken.
Anna Blume, du tropfes Tier, ich liebe dir!

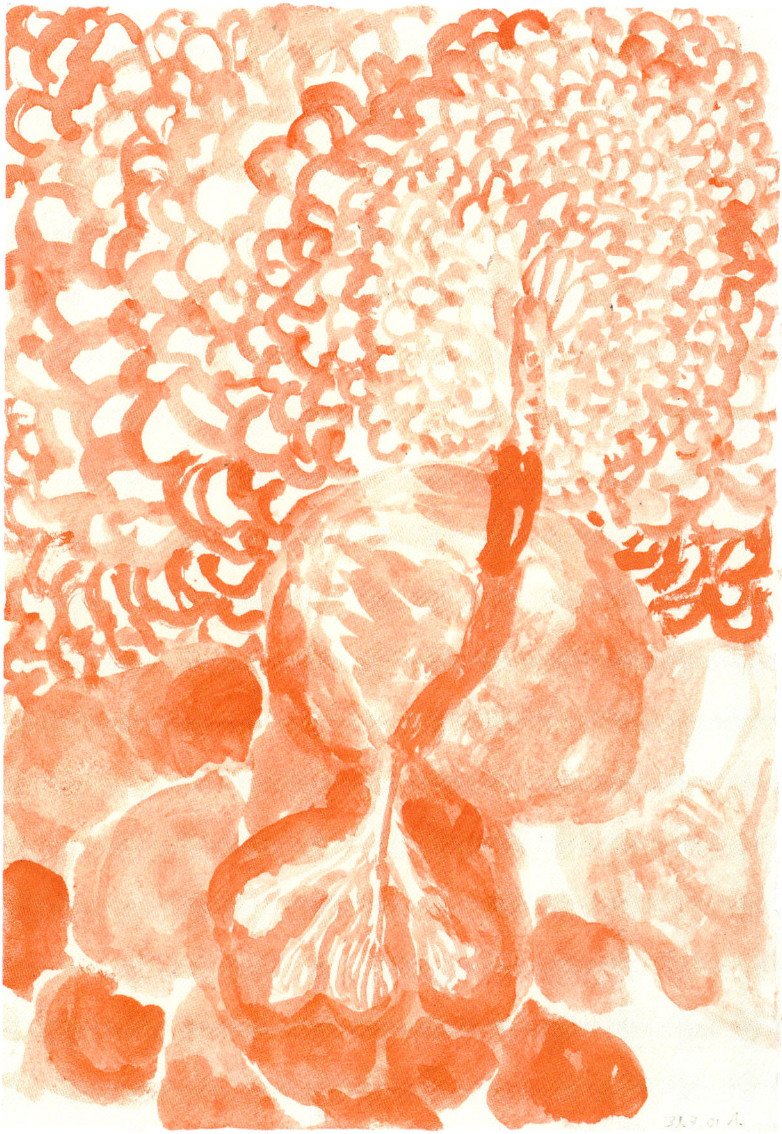

64 | Martin Assig
Blattmarie, 2001
Temperazeichnung
21,5 x 15,3 cm

Durs Grünbein
Farbenlehre
aus: *Grauzone morgens*
1988

Vom Fenster abgerutscht
mit dem Schienbein auf-
geschlagen am Gitterrand
einer Hortensienrabatte

sahst du zum erstenmal
deinen Knochen bloßgelegt
gelblichrot und wo kein
Blut war elfenbeinweiß.

So gesehen das weißt du
nun prägen sich Farben
besonders fest ein.

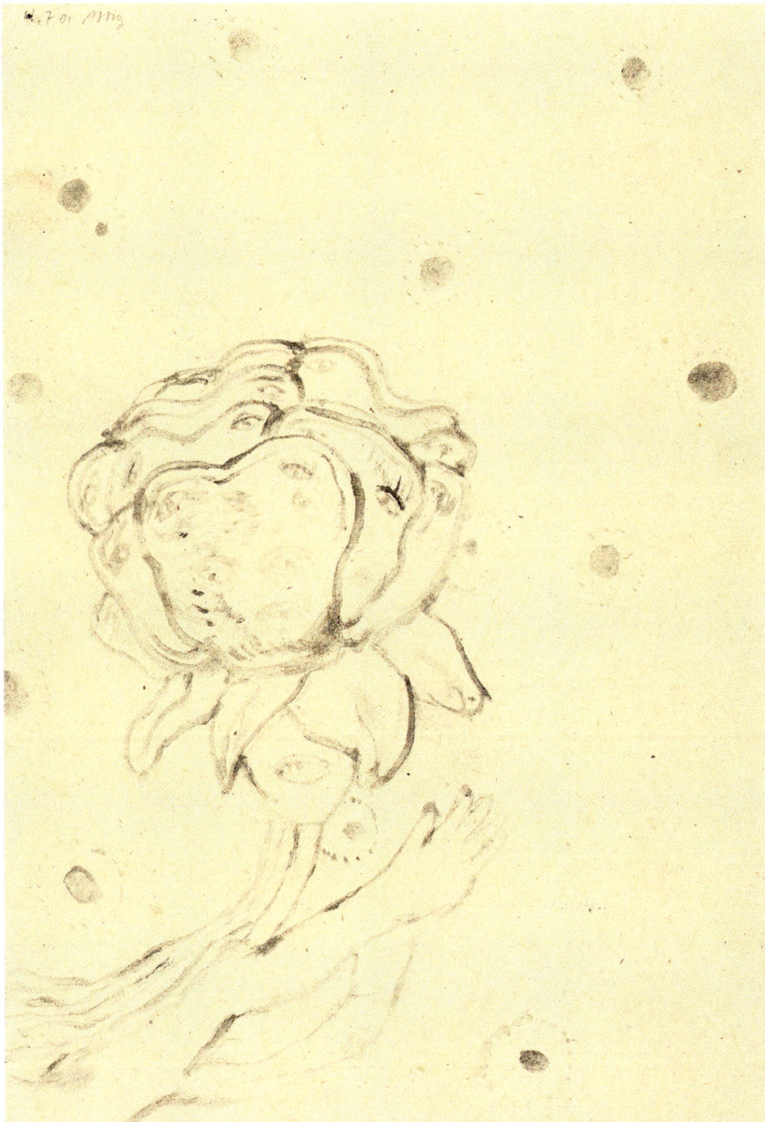

65 | Martin Assig
Blüte, 2001
Temperazeichnung
21 x 15 cm

Hans Magnus Enzensberger
windgriff
aus: *blindenschrift*
1964

manche wörter
leicht
wie pappelsamen

steigen
vom wind gedreht
sinken

schwer zu fangen
tragen weit
wie pappelsamen

manche wörter
lockern die erde
später vielleicht

werfen sie einen schatten
einen schmalen schatten ab
vielleicht auch nicht

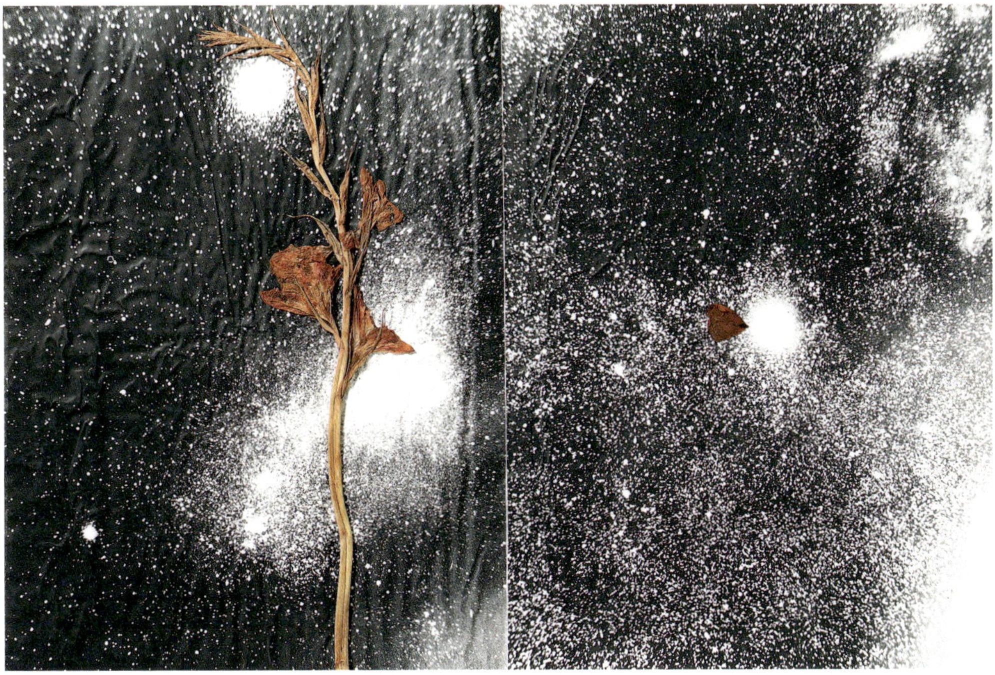

66 | Anselm Kiefer
The secret life of plants, 2001
Collage
ca. 32 x 48 cm

Ernst Jandl
der frühling
aus: *der gelbe hund*
1979

der frühling, sagt sie
ist deine gute zeit
und muß es aus den vielen
jahren wissen
aber die sonne hat sich
inzwischen verändert
auch der fliederstrauch
auch der kastanienbaum

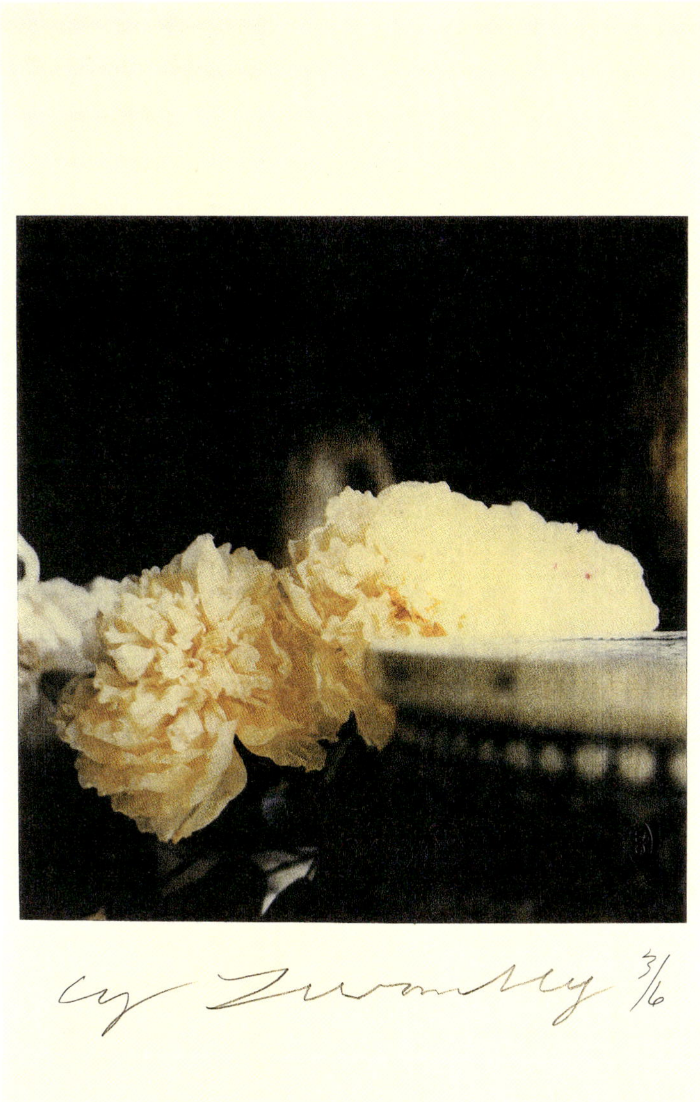

67 | Cy Twombly
Päonien, 1984
Photographie

Thomas Bernhard
aus: *Unter dem Eisen des Mondes*
1958

Eine Blume,
eine weiße Blume
hat meinen Zorn getrunken
in der verlorenen Stadt
und will von Wolken und Bäumen
nichts mehr wissen.

In ihren Augen verwelken die Kinder
unruhigen Fleisches
und trauriger Lieder
die nicht mehr zu singen sind.

Wo soll ich diese verzweifelte Stunde aufhängen,
diese Stunde die mich auslöscht
bevor der Schnee die Zungen
und die Rosen der Einöde
unter dem zerrissenen Weiß erstickt?

Eine Blume,
eine weiße Blume
hat meinen Zorn getrunken
in der verlorenen Stadt
und will von Wolken und Bäumen
nichts mehr wissen.

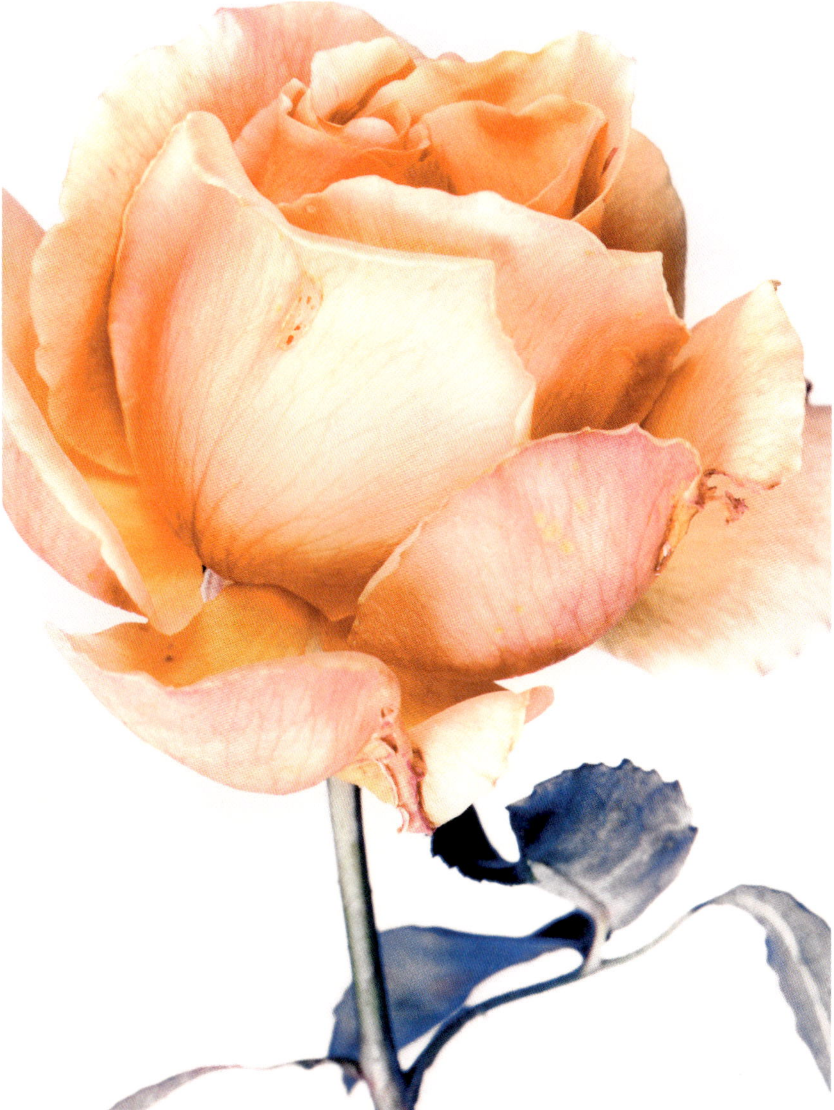

68 | Nick Knight
Rose, 1992
Photographie

Alfred Kolleritsch
Landschaft aus der Erinnerung
aus: *Im Vorfeld der Augen*
1982

Daß es sich anders entfaltet hat:
der Wiesenhang, das große Beisammensein
der Blüten und Gräser,
und die Besessenheit der Falter:
plötzlich frei, ohne Ökonomie,
ohne Zank der Sätze,
als alles *für* sich,
stand unvernehmbar,
nicht schweigend,
nichts,
der Sonnentag,
dieses Auge, sehend,
im Reinen.

Holz brachte Holz zum Erklingen,
Halme Halme,
in den Farbengüssen
atmeten Blätter,
das Grün, sanft:
für ein Verständnis,
zog es zur Fläche hin
in Erwartung der Früchte.

Der Duft kam,
das Überdauern:
die Blüte gepreßt
für die ganze Zeit.
Daß dies alles auch göttlich sei,
hieß,
es gehört nicht den Menschen
später: in Fässern, Herbarien,
im Wiederweg, Jahr für Jahr
unter der Gleichzeitigkeit
vergangener Tage,
schaffte die Lust den Sieg:
»mein« Augenblick,
ohne ihn zu besitzen.

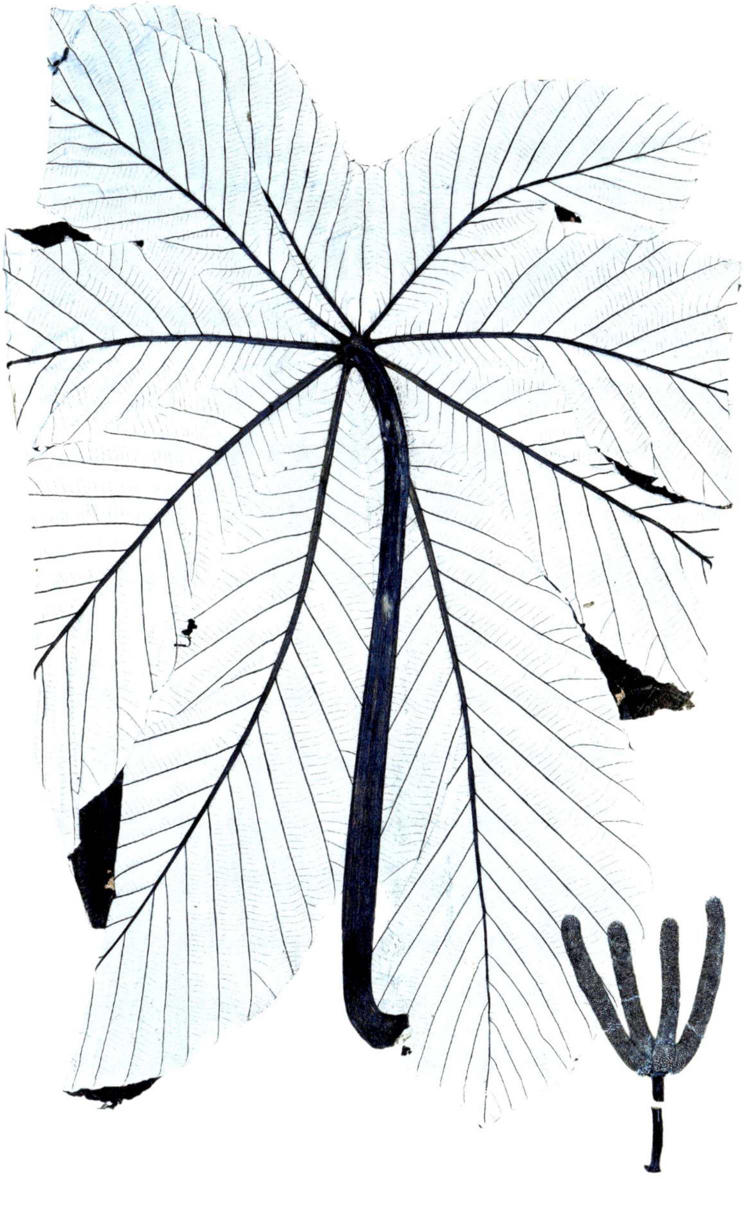

69 | Nick Knight
Cecropia scheberiana [Pionierbaum], 1997
Photographie

Günter Eich
Die Knaben im Boot
aus: *Untergrundbahn*
1949

Seerosen, Teichrosen
an fleischigen Stielen,
der Wasserspiegel
gefärbt von den vielen.

So denk ich den Kahn
und die polternden Ruder,
– den Freund auf der Bank,
am Steuer den Bruder, –

in diese Welt
von Binsen geglitten.
Sieh Namen und Tage
ins Bootsholz geschnitten.

Teichrosen, Seerosen,
die gelben, die weißen,
am schlüpfrigen Stiel
aus der Tiefe zu reißen,

sie hängen im Haar
der Nymphen und Feien,
die prahlenden Blüten, –
wie graut es uns dreien

Vom wartenden Ruder
fallen die Tropfen.
Tönt an den Kiel nicht
ein zaghaftes Klopfen?

Manchmal im Ohre
hör ichs noch heute,
späh ich ins Röhricht,
was es bedeute.

Dort ankert in Rosen
der Nachen noch immer,
vom Haare der Nymphen
beglänzt ihn ein Schimmer.

Verschilftes Gewässer,
am Steuer der Bruder,
so schnitt es das Messer
vorzeiten ins Ruder.

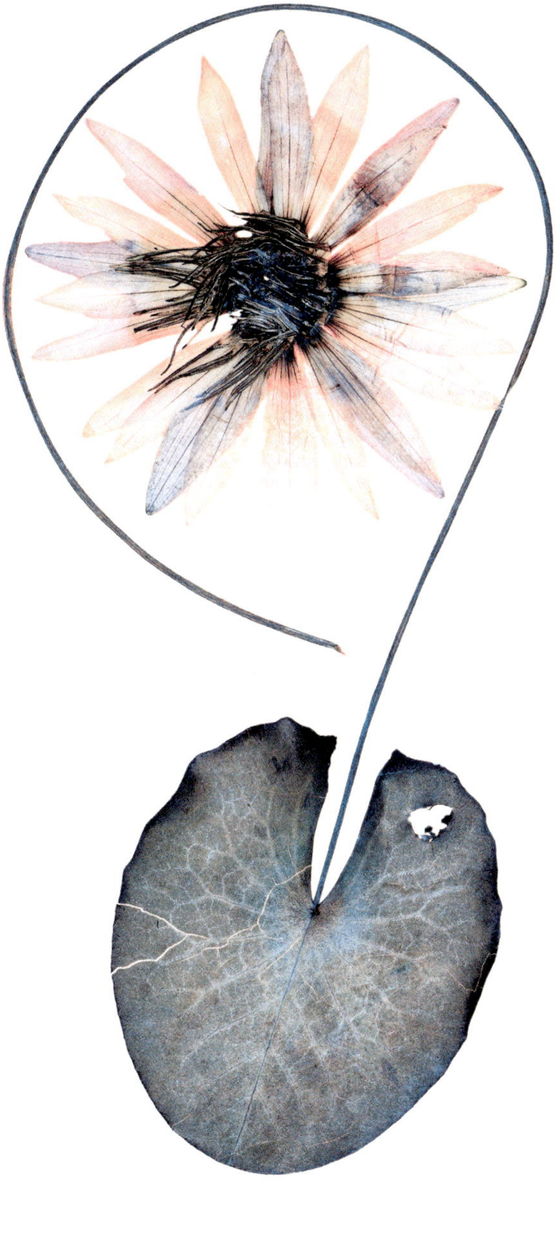

70 | Nick Knight
Nymphaea norchali [Seerose], 1997
Photographie

Eugen Gomringer
spring daisy
aus: *Worte sind Schatten*
1969

spring daisy
daisy spring

spring fly
fly spring

daisy fly
fly daisy

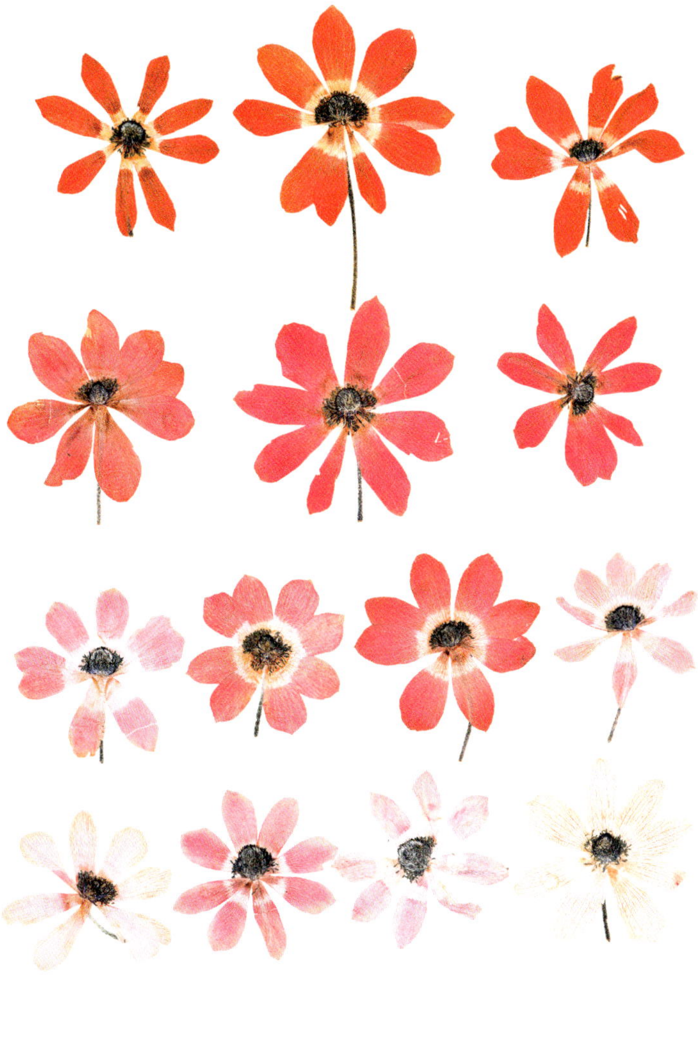

71 | Nick Knight
Anemone pavonina [Windröschen], 1997
Photographie

Rose Ausländer
Wann ziehn wir ein
aus: *Hügel aus Äther unwiderruflich*
1967

Wann ziehn wir ein
ins besamte Wort
Löwenzahnhaus
feingesponnen
im luftfarbnen Licht

Kein Luftschloß
Wortall
jedes Wort
in der Kugel
ein Samen

Wann graben wir aus
den verschütteten Quell
werfen alle Münzen
in den Brunnen
schöpfen Wassersterne
für die Löwenzahnwiese

Wann ziehn wir ein
in den Löwenzahnstern
ins besamte Wort

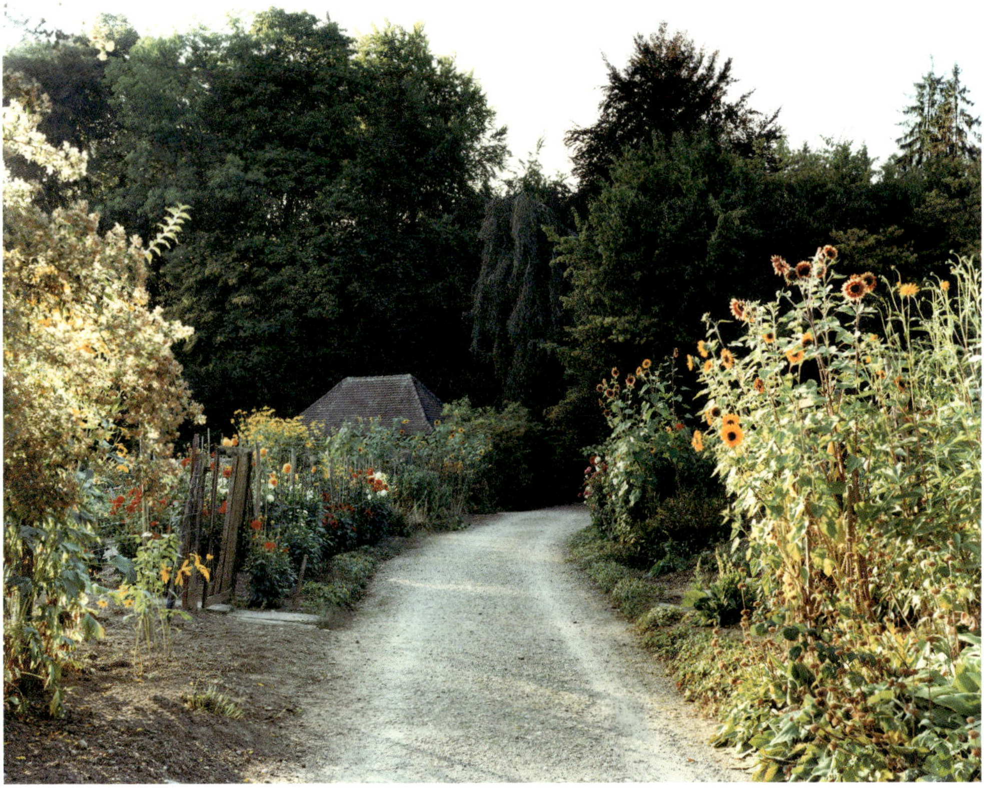

72 | Thomas Struth
Garten am Lindberg mit Sonnenblumen, ca. 1991
Photographie
ca. 80 x 120 cm

Walter Höllerer
Widerspiele
aus: *Der andere Gast*
1952

Der Lattich blüht am Zaun.
Der weite Platz ist griebenbraun.
Er schwelt den Winter aus.

Der Lattich war mein Haus,
Das Latticheck.
Wir spielten dort zu zweit Versteck

Im März. Die Sonne schien
Gelbglänzend, aber faul.
Der Fuhrmann schlug den Karrengaul.

Der zog den Müll, den Schutt,
Nach Staub rochs und Palmin,
Und ihre Puppe warf ich ihr kaputt.

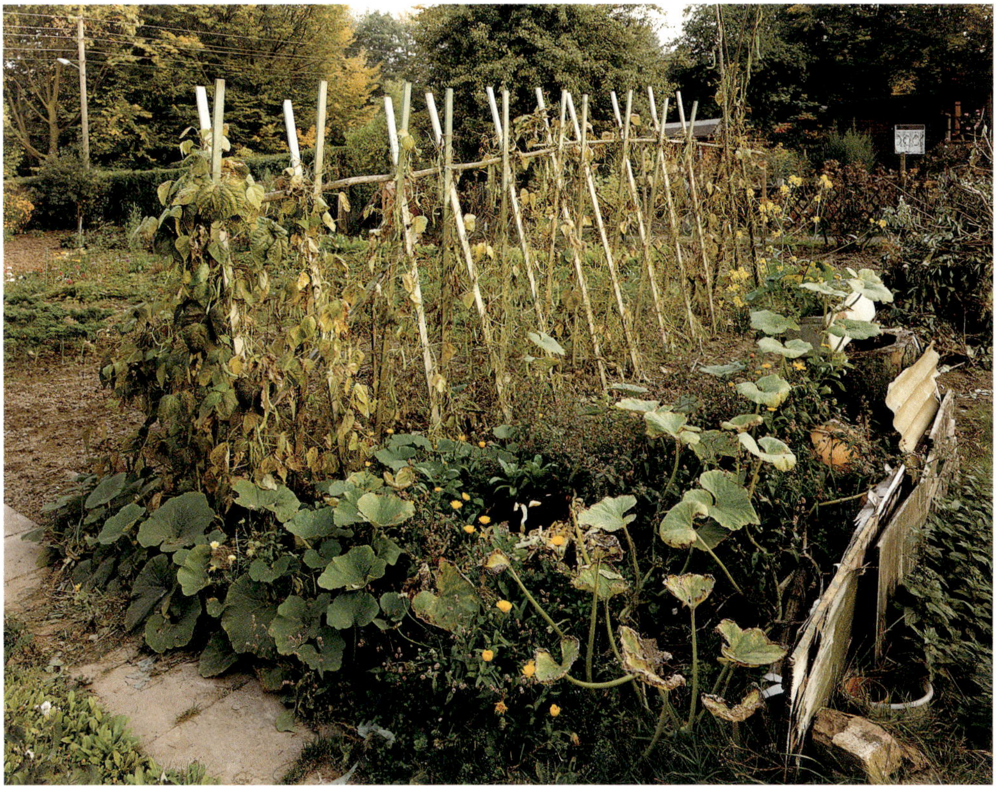

73 | Simone Nieweg
Stangenbohnen, Bielefeld 1987
Photographie
30,5 x 40,5 cm

Fritz Rudolf Fries
Kontinuität
aus: *Herbsttage im Niederbarnim*
1988

1
Die Gräser

Fabeltiere, langbeinige, der
Hand des Windes sich neigend.
Grün gebiert sie der März;
schon im Mai
sind sie scharf punktierte
Gedanken im Rankenwerk der Sätze.

2
Frühling

Mai: in der Farbe des Flieders, der Kiefern,
der Birken.
Hauch des Windes in der vollen Blüte.
Vergebliches Mühen,
den Baum zu träumen.

3
Kontinuität

Breit
fächert Rhabarber den Schnecken,
Käfern ein Dach.
Stürzt das Haus ein,
reift schon die Kirsche den Staren
und Kindern.

4
Löwenzahn

Gelb in der Mittagssonne
weiß unterm vollen Mond.

5
Circle in the Round

Schnee im November,
Hagebutte und letzte Rose
tauchen in unbekanntes
Weiß.
Mittags
lösen sich Tropfen vom Dornbusch,
die Amseln hören den März kommen.

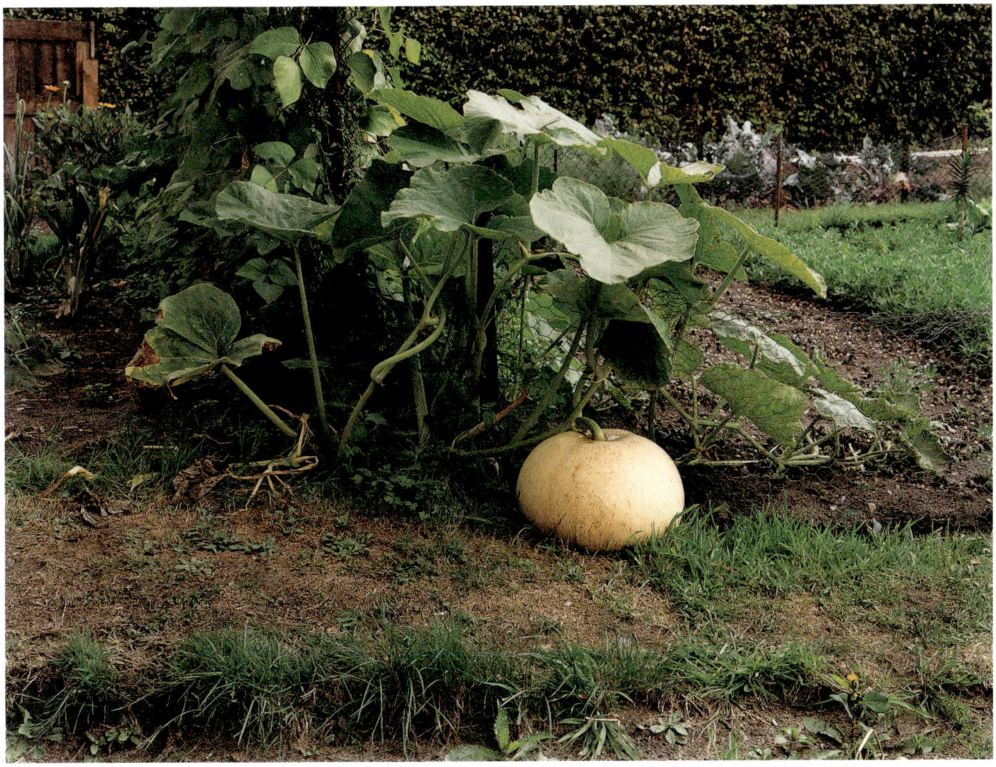

74 | Simone Nieweg
Kürbis, Bielefeld 1990
Photographie
30,5 x 40,5 cm

Friederike Mayröcker
Zypressen
16.7.1981

es windet
weisz, der
vogel
knarrt im
Wald –
umhalsend
zarte Fremdheit wenn
die Knospe
welkt

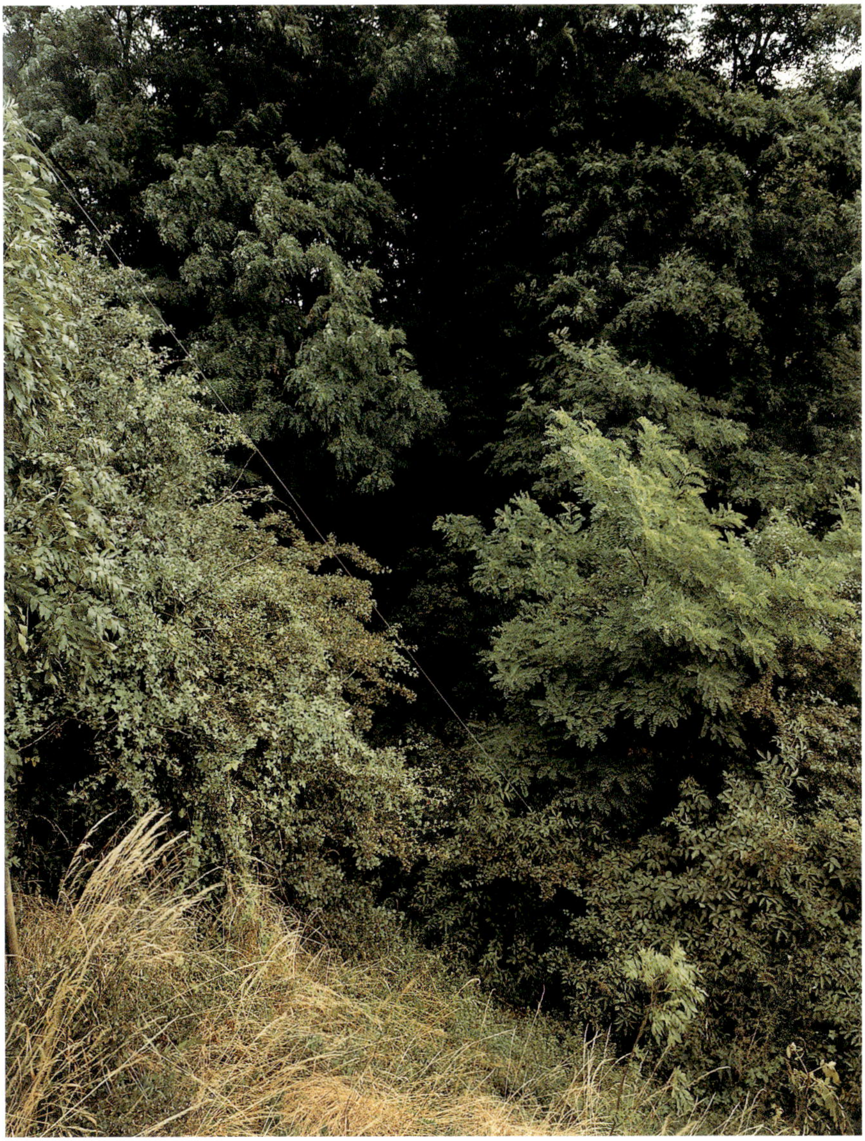

75 | Andreas Gursky
Busch, Krefeld 1989
Photographie
54 x 45,4 cm

Lebensdaten der Künstler

MARTIN ASSIG (1959 Schwelm – lebt in Berlin und Brädikow) *Taf.* 64, 65
BALTHUS, Balthazar Klossowski de Rola (1908 Paris – 2001 Rossinière) *Taf.* 53
BASILIUS BESLER (1561 Nürnberg – 1629 Nürnberg) *Taf.* 7, 8, 9, 10
JOSEPH BEUYS (1921 Krefeld – 1986 Düsseldorf) *Taf.* 46, 47
KARL BLECHEN (1798 Cottbus – 1840 Berlin) *Taf.* 24
KARL BLOSSFELDT (1865 Schielo/Harz – 1932 Berlin) *Taf.* 31, 32, 33
IMOGEN CUNNINGHAM (1883 Portland, Oregon – 1976 San Francisco) *Taf.* 39
HANNE DARBOVEN (1941 München – 2009 Hamburg) *Taf.* 48
ALBRECHT DÜRER (1471 Nürnberg – 1528 Nürnberg) *Taf.* 2, 5, 6
CASPAR DAVID FRIEDRICH (1774 Greifswald – 1840 Dresden) *Taf.* 23
VINCENT VAN GOGH (1853 Groot-Zundert bei Breda – 1890 Auvers-sur-Oise) *Taf.* 27, 28, 29, 30
ANDREAS GURSKY (1955 Leipzig – lebt in Düsseldorf) *Taf.* 75
FRANZ THEOBALD HORNY (1798 Weimar – 1824 Olevano) *Taf.* 20, 21, 22
ELLSWORTH KELLY (1923 Newburgh, N.Y. – 2015 Spencertown, N.Y.) *Taf.* 49, 50
ANSELM KIEFER (1945 Donaueschingen – lebt in Paris) *Taf.* 66
NICK KNIGHT (1958 London – lebt in London) *Taf.* 58, 68, 69, 70, 71
LEONARDO DA VINCI (1452 Vinci bei Empoli – 1519 Schloß Cloux bei Amboise) *Taf.* 1, 3, 4
CLAUDE LORRAIN, (1600 Chamagne/Lothringen – 1682 Rom) *Taf.* 11, 12, 13
MAN RAY, (1890 Philadelphia – 1976 Paris) *Taf.* 41, 42
EDOUARD MANET (1832 Paris – 1883 Paris) *Taf.* 25, 26
ROBERT MAPPLETHORPE (1946 Queens, N.Y. – 1989 New York) *Taf.* 54, 55, 56
HENRI MATISSE (1869 Le Cateau – 1954 Cimiez bei Nizza) *Taf.* 43, 44, 45
TINA MODOTTI (1896 Udine/Friaul – 1942 Mexico City) *Taf.* 38
SIMONE NIEWEG (1962 Bielefeld – lebt in Düsseldorf) *Taf.* 73, 74
EMIL NOLDE (1867 Nolde/Südtondern – 1956 Seebüll/Nordfriesland) *Taf.* 34
GEORGIA O'KEEFFE (1887 Sun Prairie, Wisconsin – 1986 Santa Fe) *Taf.* 36, 37
FRIEDRICH OLIVIER (1791 Dessau – 1859 Dessau) *Taf.* 19
CHRISTIAN ROHLFS (1849 Niendorf, Holstein – 1938 Hagen, Westfalen) *Taf.* 40
PHILIPP OTTO RUNGE (1777 Wolgast – 1810 Dresden) *Taf.* 14, 15, 16, 17, 18
EDWARD STEICHEN (1879 Luxemburg – 1973 West Redding, Connecticut) *Taf.* 35
THOMAS STRUTH (1954 Geldern am Niederrhein – lebt in Berlin) *Taf.* 59, 60, 61, 72
CY TWOMBLY (1928 Lexington, Virginia – 2011 Rom) *Taf.* 62, 63, 67
ANDY WARHOL, eigentlich Andrew Warhola (1928 Pittsburgh – 1987 New York) *Taf.* 51, 52
MICHAEL WESELY (1963 München – lebt in Berlin) *Taf.* 57

Lebensdaten der Dichter und Quellen

ANGELUS SILESIUS, eigentlich Johannes Scheffler (getauft 1624 Breslau – 1677 Breslau): *Die geheime Rose* (Cherubinischer Wandersmann, Nr. 91, 1675). Aus: Cherubinischer Wandersmann, Zürich 1989. *Seite 114*

ANONYM, *Erntelied* (16. Jh.). Aus: Des Knaben Wunderhorn (1816), Bd. 1, Stuttgart 1987 *Seite 34*

ANONYM, *Winterrose* (16. Jh.). Aus: Deutsche Gedichte, Frankfurt am Main 2000. *Seite 20*

ROSE AUSLÄNDER (1901 Czernowitz – 1988 Düsseldorf): *Wann ziehn wir ein.* Aus: Hügel aus Äther unwiderruflich. Gedichte und Prosa 1966 – 1975. © S. Fischer Verlag GmbH, Frankfurt am Main 1984. *Seite 162*

INGEBORG BACHMANN (1926 Klagenfurt – 1973 Rom): *Im Gewitter der Rosen* (Die gestundete Zeit, 1952); *Heimweg*; *Schatten Rosen Schatten* (Anrufung des Großen Bären, 1956). Aus: Sämtliche Werke, Bd. 1: Gedichte Hörspiele Libretti Übersetzungen. © Piper Verlag GmbH, München 1978. *Seiten 94, 120, 134*

GOTTFRIED BENN (1886 Mansfeld/Kreis Westprignitz – 1956 Berlin): *Anemone.* Aus: Statische Gedichte. © 1948, 2000 by Arche Verlag AG, Zürich-Hamburg; *Kleine Aster* (Morgue, 1912). Aus: Sämtliche Gedichte. Klett-Cotta, Stuttgart 1998. *Seiten 98, 100*

THOMAS BERNHARD (1931 Heerlen/Niederlande – 1989 Gmunden/Oberösterreich). *Eine Blume, eine weiße Blume* (Unter dem Eisen des Mondes, 1958). Aus: Gesammelte Gedichte. © Suhrkamp Verlag, Frankfurt am Main 1991. *Seite 154*

BERTOLT BRECHT (1898 Augsburg – 1956 Berlin): *Sieben Rosen hat der Strauch.* Aus: Werke. Große kommentierte Berliner und Frankfurter Ausgabe, Bd. 15. © Suhrkamp Verlag, Frankfurt am Main 1993. *Seite 128*

CLEMENS BRENTANO (1778 Ehrenbreitstein – 1842 Aschaffenburg): *Lureley; Auferstehung und Metamorphose; Hörst du wie die Brunnen rauschen; Flöte; Was reif in diesen Zeilen steht; 20. Jenner nach großem Leid* (gekürzte Fassung); *Die Lilienfräulein; Ich grüß vor aller Blüt die Rose* (Die Chronika eines fahrenden Schülers – Urfassung 1818); *Am Sophientag.* Aus: Gesammelte Werke; Bd. 1 und 2, München 1980 . *Seiten 36, 38, 40, 48, 54, 56, 80, 88, 108*

PAUL CELAN (1920 Czernowitz – 1970 Paris): *Kenotaph.* Aus: Von Schwelle zu Schwelle. © 1955 Deutsche Verlags-Anstalt GmbH, Stuttgart; *Selbdritt, Selbviert.* Aus: Die Niemandsrose. © S. Fischer Verlag GmbH, Frankfurt am Main, 1963; *Blume.* Aus: Sprachgitter. © S. Fischer Verlag GmbH, Frankfurt am Main, 1959. *Seiten 112, 118, 126*

SIMON DACH (1605 Memel – 1659 Königsberg): *Horto recreamur amoeno* (Gedichte des Königsberger Dichterkreises, 1638 – 1650). Aus: Gedichte, Bd. 2, Halle 1937. *Seite 26*

GÜNTER EICH (1907 Lebus/Oder – 1972 Salzburg): *Ginster; Pfaffenhut; Die Knaben im Boot*. Aus: Gesammelte Werke, Bd. 1. © Suhrkamp Verlag, Frankfurt am Main 1973. *Seiten 138, 144, 158*

JOSEPH VON EICHENDORFF (1788 Schloß Lubowitz bei Ratibor/Oberschlesien – 1857 Neiße/Schlesien): *Die Nachtblume; Seliges Vergessen* (aus dem Spanischen); *Nachtzauber*. Aus: Sämtliche Gedichte in einem Band, Frankfurt am Main/Leipzig 2001. *Seiten 52, 60, 64*

HANS MAGNUS ENZENSBERGER (1929 Kaufbeuren – 2022 München): *windgriff*. Aus: blindenschrift. © Suhrkamp Verlag, Frankfurt am Main 1964. *Seite 150*

FRITZ RUDOLF FRIES (1935 Bilbao/Spanien – 2014 Petershagen): *Kontinuität*. Aus: Herbsttage im Niederbarnim, München 1988. © 2001 Fritz Rudolf Fries. *Seite 166*

STEFAN GEORGE (1868 Rüdesheim am Rhein – 1933 Minusio bei Locarno): *Den blauen raden und dem blutigen mohne* (Das Jahr der Seele, 1907). Aus: Sämtliche Werke, Bd. 4, Stuttgart 1982. *Seite 74*

PAUL GERHARDT (1607 Gräfenhainichen bei Dessau – 1676 Lübben/Spreewald): *Sommergesang* (Geistliche Andachten bestehend in hundert und zwanzig Liedern, Berlin 1667/68). Aus: Gedichte, Frankfurt am Main 1967. *Seiten 28, 30, 32*

JOHANN WOLFGANG VON GOETHE (1749 Frankfurt am Main – 1832 Weimar): *Mit einem gemalten Band* (Sesenheimer Lieder, 1771); *Gingo biloba* (West-östlicher Divan, 1815). Aus: Werke (Hamburger Ausgabe), Bd. 1, München 1988. *Seiten 44, 50*

EUGEN GOMRINGER (1925 Cachuela Esperanza/Bolivien – lebt in Rehau/Oberfranken): *spring daisy*. Aus: worte sind schatten, Reinbek 1969. © 2001 Eugen Gomringer. *Seite 160*

DURS GRÜNBEIN (1962 Dresden): *Farbenlehre*. Aus: Grauzone morgens. © Suhrkamp Verlag, Frankfurt am Main 1988. *Seite 148*

HEINRICH HEINE (1797 Düsseldorf – 1856 Paris): *Du bist wie eine Blume* (Buch der Lieder, XLVII, 1828). Aus: Sämtliche Schriften, Bd. 1, München/Wien 1976. *Seite 58*

FRIEDRICH HÖLDERLIN (1770 Lauffen/Neckar – 1843 Tübingen): *Hälfte des Lebens* Aus: Sämtliche Werke (Frankfurter Ausgabe), Bd. 8, Frankfurt am Main/Basel 2000. *Seite 86*

WALTER HÖLLERER (1922 Sulzbach-Rosenberg/Oberpfalz – 2003 Berlin): *Pfingstrosen in einer Gärtnerei; Widerspiele*. Aus: Gedichte. © Suhrkamp Verlag, Frankfurt am Main 1952. *Seiten 124, 164*

HUGO VON HOFMANNSTHAL (1874 Wien – 1929 Rodaun bei Wien): *Vorfrühling*. Aus: Gedichte und kleine Dramen, Frankfurt am Main 1966. *Seite 106*

PETER HUCHEL (1903 Berlin-Lichterfelde – 1981 Staufen i. Br.): *Der Garten des Theophrast*. Aus: Chausseen, Chausseen. © S. Fischer Verlag GmbH, Frankfurt am Main 1963; *Löwenzahn*. Aus: Die Sternenreuse. © Piper Verlag GmbH, München 1967. *Seiten 130, 136*

ERNST JANDL (1925 Wien – 2000 Wien): *von wundern der natur* (selbstporträt des schachspielers als trinkende uhr, 1983); *der frühling* (der gelbe Hund, 1979). Aus: poetische werke, hsg. von Klaus Siblewski, Bd. 8, S. 224 und S. 124. © 1997 Luchterhand Literaturverlag GmbH, München. *Seiten 132, 152*

GOTTFRIED KELLER (1819 Zürich – 1890 Zürich): *Der Taugenichts* (Neuere Gedichte, 1851 – 1854). Aus: Sämtliche Werke, Bd. 1, Frankfurt am Main 1995. *Seite 68*

JOHANN KLAJ (1616 Meißen – 1656 Kitzingen): *Schöne Linde* (Harsdörffer/Klaj: Pegnesisches Schäfergedicht, 1644). Aus: Deutsche Barocklyrik, Stuttgart 1962. *Seite 22*

ALFRED KOLLERITSCH (1931 Brunnsee/Steiermark – 2020 Graz): *Landschaft aus der Erinnerung*. Aus: Im Vorfeld der Augen, Salzburg 1982. © Literaturverlag Droschl KEG, Graz. *Seite 156*

ELSE LASKER-SCHÜLER (1869 Elberfeld – 1950 Karlsruhe): *Nebel; Ein Liebeslied*. Aus: Gesammelte Werke, Bd. 1. © Suhrkamp Verlag, Frankfurt am Main 1996. *Seiten 92, 104*

NIKOLAUS LENAU, d. i. N. Franz Niembsch, ab 1820 Edler von Strehlenau (1802 Csatád, heute Lenauheim bei Temesvar – 1850 Oberdöbling bei Wien): *An meine Rose*, 1830. Aus: Gedichte, Frankfurt am Main 1998. *Seite 66*

FRIEDRICH VON LOGAU (1605 Dürr-Brockuth bei Nimptsch/Schlesien – 1655 Liegnitz): *Wie willst du weiße Lilien* (Deutscher Sinn-Gedichte drey Tausend, 1654). Aus: Der ewige Brunnen, München 1964. *Seite 24*

MARTIN LUTHER (1483 Eisleben – 1546 Eisleben): *Als der König sich herwandte*, Übersetzung aus Das Hohelied Salomos (Altes Testament, Buch Hoheslied). Aus: Die Bibel, nach der deutschen Übersetzung Martin Luthers, Stuttgart 1964. *Seite 16*

FRIEDERIKE MAYRÖCKER (Wien 1924 – 2021 Wien): *Zypressen*. Aus: Gute Nacht, guten Morgen. Gedichte. © Suhrkamp Verlag, Frankfurt am Main 1982. *Seite 168*

GERHARD MEIER (1917 Niederbipp/Kanton Bern – 2008 Langenthal/Schweiz): *Winter*. Aus: Werke 1: Einige Häuser nebenan. © Zytglogge Verlag Bern, 3. Auflage 1999. *Seite 116*

CONRAD FERDINAND MEYER (1825 Zürich – 1898 Kilchberg bei Zürich): *Schwarzschattende Kastanie*. Aus: Fünfzig Gedichte, Stuttgart 2001. *Seite 90*

CHRISTIAN MORGENSTERN (1871 München – 1914 Meran): *Die Zirbelkiefer* (Palma Kunkel, 1916). Aus: Alle Galgenlieder, Frankfurt am Main 1972. *Seite 82*

WILHELM MÜLLER (1794 Dessau – 1827 Dessau): *Frühlingstraum* (Die Winterreise, 1823). Aus: Gedichte, vollständige kritische Ausgabe, Berlin 1906. *Seite 62*

BÖRRIES VON MÜNCHHAUSEN (1874 Hildesheim – 1945 Windischleuba/Sachsen): *Es steht eine Blume* (Idyllen und Lieder, 1928). Aus: Das dichterische Werk II, 1950 ff. © Igel Verlag, Oldenburg. *Seite 110*

NOVALIS, d.i. Friedrich von Hardenberg (1772 Oberwiederstedt/Harz 1772 – 1801 Weißenfels): *Er fand sich auf einem weichen Rasen* (Heinrich von Ofterdingen, 1802). Aus: Werke und Briefe, Bd. 1, München 1978. *Seite 46*

RAINER MARIA RILKE (1875 Prag – 1926 Val-Mont bei Montreux): *Wir sind die Treibenden* (Sonette an Orpheus, 1. Teil, XXII, 1922); *Blaue Hortensie* (Neue Gedichte, 1907); *Rosa Hortensie* (Der neuen Gedichte anderer Teil, 1908); *Siehe die Blumen, diese dem Irdischen treuen* (Sonette an Orpheus, 2. Teil, XIV, 1922). Aus: Gesammelte Gedichte, Frankfurt am Main 1962. *Seiten 5, 96, 102, 142*

PETER RÜHMKORF (1929 Dortmund – 2008 Roseburg): *Lied der Naturlyriker*. Aus: Irdisches Vergnügen in g, Hamburg 1959. © 1959 by Rowohlt Verlag GmbH, Reinbek. *Seite 140*

NELLY SACHS (1891 Berlin – 1970 Stockholm): *Schmetterling*. Aus: Sternenverdunkelung. © Suhrkamp Verlag, Frankfurt am Main 1944 – 1946. *Seite 122*

KURT SCHWITTERS (1887 Hannover – 1948 Kendal/England): *An Anna Blume*, 1919. Aus: Das gesamte literarische Werk, Köln 1973. © DuMont Buchverlag, Köln 1973. *Seite 146*

GEORG TRAKL (1887 Salzburg – 1914 Krakau): *Im Park* (Sebastian im Traum, 1915); *In einem verlassenen Zimmer* (Die schöne Stadt, 1913); *Verklärung* (Sebastian im Traum, 1915). Aus: Dichtungen und Briefe, Salzburg 1969. *Seiten 70, 72, 76*

WALTHER VON DER VOGELWEIDE (um 1170 – um 1230): *Under der linden*. Aus: Bibliothek des Mittelalters, Bd. 3, Frankfurt am Main 1995. *Seite 18*

JOSEF WEINHEBER (1892 Wien – 1945 Kirchstetten/Niederösterreich): *Im Grase* (Adel und Untergang, 1934). Aus: Sämtliche Werke, Bd. II. © Otto Müller Verlag, Salzburg 1954. *Seite 84*

Gedichtüberschriften und -anfänge

Inhalt

20. JAHRHUNDERT

Bildnachweis und Dank

Wir danken allen Künstlern und Urhebern sowie ihren Rechtsnachfolgern für die Genehmigung, ihre Werke hier abdrucken zu dürfen. Unser Dank gilt ebenfalls allen, die uns Bildmaterial zur Verfügung stellten oder uns mit Hinweisen und Rat hilfreich waren.

Albertina, Wien: Tafeln 2, 26; © 2001 Martin Assig: Tafeln 64, 65; Photos: © Dominique Genet, *L'herbier* / Editions Citadelles & Mazenod: Tafeln 7, 8, 9, 10; Museum für Gegenwart im Hamburger Bahnhof, Berlin © VG Bild-Kunst, Bonn 2001: Tafel 46; Stiftung Museum Schloß Moyland, Sammlung van der Grinten, Joseph Beuys Archiv des Landes NRW, Photo: Stefan Möller © VG Bild-Kunst, Bonn 2001: Tafel 47; Photograph by Imogen Cunningham © 1970 The Imogen Cunningham Trust: Tafel 39; © 1957 Hanne Darboven: Tafel 48; Fondation Beyeler, Riehen / Basel © Succession Henri Matisse / VG Bild-Kunst, Bonn 2001: Tafel 45; © 2001 Andreas Gursky: Tafel 75; Ikeda Museum of 20th Century Art, Itoh, Japan © Succession Henri Matisse / VG Bild-Kunst, Bonn 2001: Tafel 43; © 2001 Anselm Kiefer: Tafel 66; © 2001 Nick Knight: Tafeln 58, 68, 69, 70, 71; Kunsthalle Bremen: Tafel 5; Kunstsammlungen zu Weimar, Photos: © Stefan und Eberhard Renno, Foto-Atelier Louis Held, Weimar: Tafeln 20, 21, 22; Kupferstichkabinett, Staatliche Museen zu Berlin, Preußischer Kulturbesitz © bpk 2001, Photo: Jörg P. Anders: Tafel 24; © The Estate of Robert Mapplethorpe. Used with permission: Tafeln 54, 55, 56; © 2001 Ellsworth Kelly, Courtesy Matthew Marks Gallery, New York : Tafeln 49, 50; Musée des Beaux-Arts de Bordeaux, Cliché du M.B.A. de Bordeaux / photographe Lysiane Gauthier © Succession Henri Matisse / VG Bild-Kunst, Bonn 2001: Tafel 44; Musée du Louvre, département des arts graphiques, fonds du Musée d'Orsay, Paris, Photo: RMN – Michèle Bellot: Tafel 25; © 2001 Simone Nieweg: Tafeln 73, 74; © Stiftung Seebüll Ada und Emil Nolde: Tafel 34; Privatbesitz München: Tafel 16; Private Collection, Switzerland / The Lefevre Gallery, London © VG Bild-Kunst, Bonn 2001: Tafel 53; Privatsammlung München © Artists Rights Society, New York 2001: Tafel 52; Privatsammlung, Courtesy Thomas Ammann Fine Art, Zürich, Photo: Claudio Abate, Roma © 2001 Cy Twombly: Tafel 62; The Royal Collection © 2001, Her Majesty Queen Elizabeth II: Tafel 4; Städelsches Kunstinstitut, Frankfurt a. M., Photo: Ursula Edelmann: Tafel 17; © Estate Edward Steichen: Tafel 35; © 2001 Thomas Struth: Tafeln 59, 60, 61, 72; Jörg Traeger: Tafel 15; © 2001 Cy Twombly: Tafel 63; Verlagsarchiv: 1, 3, 6, 11, 12, 13, 14, 19, 23, 27, 28, 29, 30, 38; Verlagsarchiv © VG Bild-Kunst, Bonn 2001: Tafeln 31, 32, 33, 36, 37, 40, 41, 42; Verlagsarchiv © Artists Rights Society, New York 2001: Tafel 51; © 2001 Michael Wesely: Tafel 57

Gestaltung: Karlheinz Rau, München
Lithos: NovaConcept, Berlin
Druck und Bindung: GPS, Ljubljana

ISBN 978-3-8296-0993-7

Eine Schirmer/Mosel Produktion
www.schirmer-mosel.com

Marianne Schneider bei Schirmer/Mosel

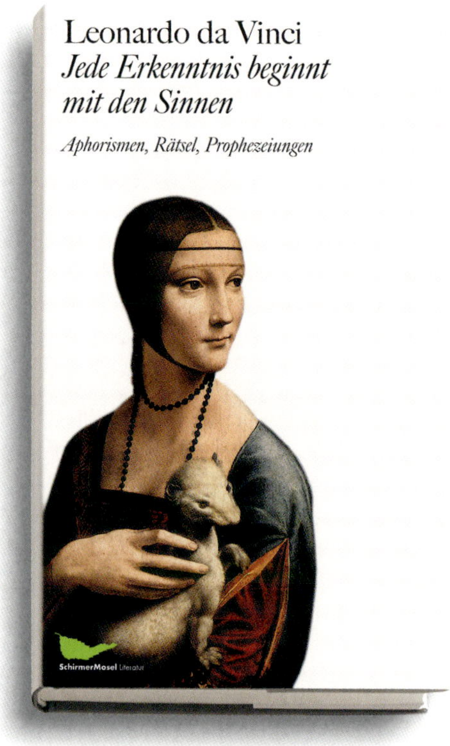

Leonardo da Vinci
Jede Erkenntnis beginnt mit den Sinnen
Aphorismen, Rätsel, Prophezeiungen
Ausgewählt und aus dem Italienischen
übersetzt von Marianne Schneider
144 Seiten, gebunden
ISBN 978-3-8296-0593-9